Serhat Dogan, Käthe Lachmann

Mein Visum war ein Witz

Serhat Dogan

mit Käthe Lachmann

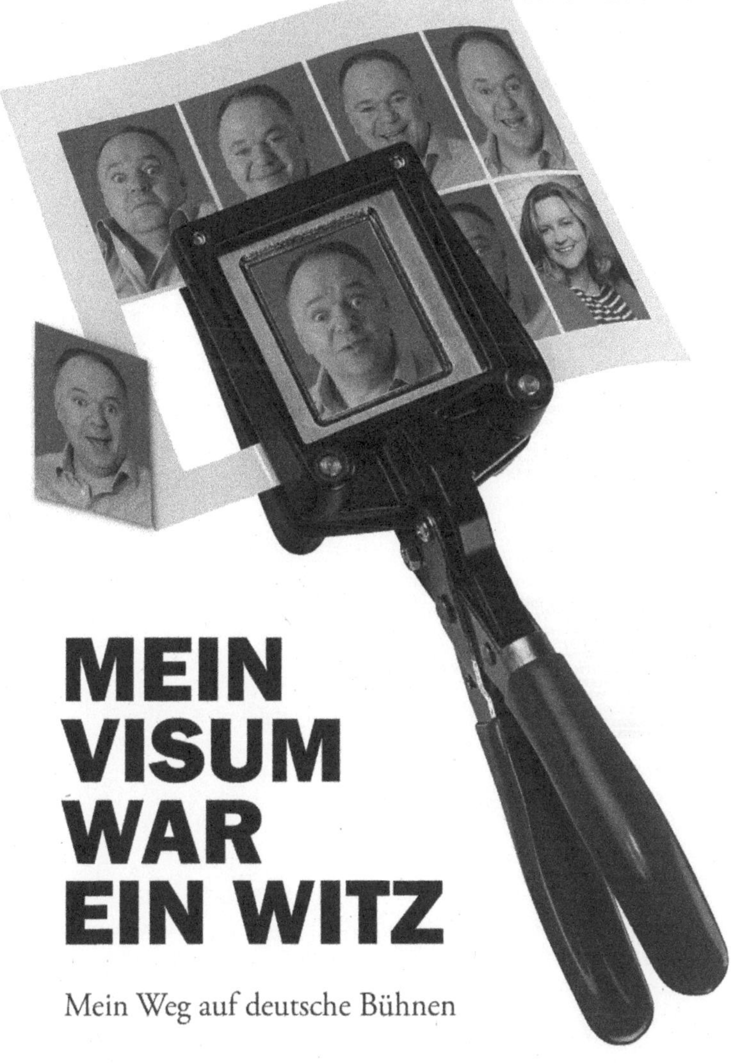

MEIN VISUM WAR EIN WITZ

Mein Weg auf deutsche Bühnen

SATYR VERLAG

Der Druck dieses Buches erfolgte CO_2-neutral, die Kaschierfolie des Covers ist kompostierbar. Auf einzelnes Einschweißen wurde bewusst verzichtet.

2. Auflage März 2025

Auerstr. 23–25, 10249 Berlin
www.satyr-verlag.de | info@satyr-verlag.de

Cover: Satyr Verlag unter Verwendung von Bildmaterial von Britta Schüßling
Alle Privatfotos in diesem Buch: Archiv Serhat Dogan
Foto S. 166: Johannes Boventer
Serhats Comedytexte (eingerückt): Moritz Netenjakob
Korrektorat: Jan Freunscht
Druck und Bindung: CPI Books Clausen & Bosse, Leck
Printed in Germany

Die Deutsche Nationalbibliothek verzeichnet diese Publikation in der Deutschen Nationalbibliografie; detaillierte bibliografische Daten sind im Internet abrufbar über: http://dnb.d-nb.de

ISBN: 978-3-947106-94-3

Inhalt

Mein Tagebuch

Montag, 8. April 2004, 12 Uhr 30: In Deutschland gelandet. Himmel ist grau. Gehe durch München. Habe mir die Stadt schöner vorgestellt. Und wo ist *Hofbräuhaus*?

14 Uhr: Das ist gar nicht München, das ist immer noch Flughafen.

14 Uhr 30: Ich will Fahrkarte kaufen. Frau am Schalter sagt: »Grüß Gott.«
Na bravo! Mein erstes Gespräch in Deutschland und sie will über Gott reden.
Ich sage: »Tut mir leid, ich bin Moslem. Wir sagen ›Grüß Allah‹.«
Frau guckt mich komisch an. Dann redet sie in Sprache, die ich noch nie gehört habe. Ich frage: »Sprechen Sie Deutsch?«
Sie nickt.
Ich frage: »Warum sprechen Sie dann nicht Deutsch mit mir?«
Die Frau guckt sehr beleidigt.

Es gefällt mir, dass ich trotz des grellen Lichtes die Leute zumindest in den ersten Reihen sehe. Nur in ein schwarzes Loch zu gucken, wie es auf manchen Bühnen der Fall ist, ist anstrengender für mich.

Die Scheinwerfer sind sehr heiß, ich schwitze, aber das ist, glaube ich, nicht dieses »Lampenfieber«, von dem die Kollegen manchmal erzählen. Sie sagen, dass sie aufgeregt sind, bevor sie auf die Bühne gehen, das aber ganz schnell weg ist, wenn sie anfangen zu spielen. Mir wird eigentlich erst auf der Bühne richtig heiß.

Aufregung ist mir ziemlich fremd, ich habe ja meinen Text auswendig gelernt und trage ihn vor und das war's. Deswegen brauche ich doch nicht aufgeregt zu sein, ich bin ja Profi und weiß, was ich tue. Wobei, selbst als ich noch Anfänger war, war ich nicht sehr aufgeregt. Ich habe vorher einfach immer ein, zwei Bierchen getrunken, dann war ich entspannt.

Die Leute haben Spaß und kichern fast ununterbrochen. Immer wieder gucke ich hoch von meinem Text und tue so, als wunderte ich mich, dass die Leute lachen. Dann lachen sie noch mehr.

Das war früher noch anders. Da habe ich wirklich nicht verstanden, was ich da vortrage, und hatte echt keine Ahnung, warum gelacht wurde.

Eigentlich kann ich den Text auch schon lange auswendig, natürlich auf Deutsch, aber es kommt besser an, wenn ich vortäusche, ich würde es ablesen, schließlich ist es ja mein Tagebuch und ein Buch liest man.

Es ist Samstag und der *Quatsch Comedy Club* ist gerammelt voll. Das ist wieder so ein komischer Ausdruck, an den ich mich schlecht gewöhnen kann, davon gibt es viele im Deutschen. Wenn Hasen Sex haben, heißt das rammeln, habe ich gelernt – aber was hat das mit einem vollen Theater zu tun? Während ich darüber nachdenke, lese ich meine Tagebuchnummer weiter und mache Pausen, um die Menschen applaudieren und lachen zu lassen. Ich brauche heute besonders viel Zeit, weil den Leuten anscheinend sehr gut gefällt, was ich vortrage.

18 Uhr: Jetzt bin ich in München.
Himmel immer noch grau.

Deutschland hat viele Überraschungen: Alter Mann geht über Zebrastreifen und Auto bremst. In der Türkei wäre er jetzt im Krankenhaus. Unglaublich: Die Deutschen halten sogar an roter Ampel. Sie fahren einfach Auto und hinterher ist keiner tot!

Ja, das stimmt. Nach Deutschland wollte ich. Auch wenn die Deutschen manchmal sehr seltsam sind. So wie dieser Mann aus dem Publikum heute Abend:

Die Show ist vorbei, ich steige von der Bühne, freue mich auf ein schönes Bier, da kommt dieser Typ, geschätzt etwa so alt wie ich, auf mich zu. Natürlich kommen viele auf mich zu, aber dieser Typ ist besonders. Er will ein Selfie machen. Aber nur von mir! Also, eigentlich will er ein Foto von mir machen. Aber das mache ich nicht. Ich mache nur Fotos mit ihm und mir zusammen. Wer weiß, was der sonst mit dem Foto macht. Ganz ruhig erkläre ich ihm das, aber er versteht mich nicht. Vielleicht spricht er kein Deutsch. Am Ende habe ich ein schönes Foto von ihm auf meinem Handy, er ist überglücklich und ich weiß nicht, was wir gerade erlebt haben. Da geht er zu meinem Kollegen und sagt, er braucht von ihm dringend ein Bild. Toll. Ich dachte, er wäre *mein* Fan! Ich lösche sein Foto.

Zum Glück habe ich noch andere Fans. Ich liebe mein Publikum. Dass ich so was mal sagen würde! Dass ich überhaupt ein richtiges Publikum haben würde, hätte ich früher nie gedacht. Und jetzt bin ich hier und mache Comedy!

Ich frage am Hauptbahnhof: Wo geht es nach Deutschland? Der Mann lacht nur. Ich verstehe gar nichts mehr.

23 Uhr: Vor dem Hauptbahnhof steht eine sehr hübsche, blonde Frau mit kurzem Rock; fragt mich, ob ich mit ihr schlafen will. Wow! Bayern ist super.
In der Türkei musst du erst wochenlang anbaggern, dann schlägt dich ihr Bruder in die Fresse, dann musst du deine Eltern um Erlaubnis fragen, dann müssen deine Eltern IHRE Eltern um Erlaubnis fragen, dann musst du große Halle mieten für 500 Gäste, dann musst du zwei Stunden durch die Innenstadt Autokorso machen, dann musst du heiraten, dann musst du bis morgens 8 Uhr tanzen – DANN kannst du mit ihr schlafen.
Das dauert mindestens zwei Jahre und kostet 10.000 Euro.
In Bayern fünf Minuten und 100 Euro.

Dienstag, 9. April, 10 Uhr: Himmel immer noch grau.

11 Uhr: *Hofbräuhaus* gefunden. Kellner bringt ein Glas, so groß – kann ein Kind drin ertrinken. Ich sage: »Tschuldigung, ich wollte ein Bier, aber kommt Aquarium.«
Kellner spricht auch kein Deutsch.

12 Uhr: Endlich! Der Himmel ist blau!

12 Uhr 05: Tschuldigung. Himmel ist immer noch grau. ICH bin blau.
Habe nämlich Aquarium ausgetrunken.

17 Uhr: Polizist öffnet die Tür und bringt mir neues deutsches Wort bei: »Ausnüchterungszelle«.
Wow! Deutsche Polizei ist aber nett! In der Türkei, wenn du so besoffen bist, schmeißen sie dich einfach ins Meer. In Deutschland kriegst du umsonst ein Hotelzimmer.

17 Uhr 10: Ich gehe nach draußen. Himmel grau.
Ich sehe in meinem Leben zum ersten Mal Sonnenstudio. Sehr lustig für mich. In der Türkei, wenn du Sonne haben willst, gehst du RAUS. In Deutschland, wenn du Sonne haben willst, gehst du REIN.

18 Uhr: Endlich! Der erste Mann, der Deutsch sprechen kann. Er ist Zeitungsverkäufer. Hat aber nur eine Zeitung, steht drauf: »Erwachet!«
Er sagt, die Welt geht bald unter.
Wow! Ich habe schon gehört, Deutsche sind bisschen pessimistisch, aber SOOO ...
Na ja – eigentlich klar, wenn man nie die Sonne sieht ...

Mittwoch, 11. April, 8 Uhr: Ich öffne den Vorhang. Hurra! Himmel ist weiß!!!
Ich spüre: Es geht bergauf. Heute ist mein Tag. Deutschland ist mein Land. Alles wird gut!

8 Uhr 01: Augen haben sich an Tageslicht gewöhnt. Himmel ist grau.

Für viele Kollegen ist es sehr aufregend, sie haben lange davon geträumt, endlich auf einer richtigen Bühne zu stehen, einer Bühne wie dem *Quatsch Comedy Club*. Sie haben davon geträumt, Leute zum Lachen zu bringen und mit dem, was sie erzählen, Geld zu verdienen.

Mein junger Kollege M., der heute zum ersten Mal hier spielt, hat mir von seinem langen Weg auf diese Bühne erzählt. Eigentlich hat er Jura studiert, aber seine Freunde haben ihm immer wieder gesagt, wie lustig er ist und dass er mit seinen Gags auftreten soll. Nach kleinen Einlagen auf Familienfesten hat er angefangen, auf offenen Bühnen für zehn Minuten etwas Lustiges zu erzählen. Auf einer offenen Bühne bekommt man meist kein Geld, nur manchmal geht ein Hut rum. Ein Hut mit (offenen) Beinen ... Nein, Quatsch, jemand sammelt Spenden für die Leute auf der Bühne, aber besonders viel kommt dabei meist nicht zusammen. Auch Comedians, die schon eine ganze Weile dabei sind, probieren hier manchmal neues Material aus, feilen daran und gehen erst damit auf die große Bühne, auf der sie auch Geld verdienen, wenn alles stimmt.

M. hat seine Auftritte gefilmt und sich mit diesen Filmen beworben, er hat zwar noch kein ganzes Abendprogramm, aber etwa zwanzig Minuten Material. Und das ist so gut, dass er jetzt mit uns anderen hier auf den Brettern des bekanntesten Comedyclubs Deutschlands steht.

Und für ihn ist es sogar recht schnell gegangen, ältere Kolleginnen und Kollegen haben mir erzählt, dass sie jahrelang mit ihren Programmen durch die Provinz gefahren sind, bis sie in größeren, renommierteren Theatern spielen konnten. Und es ist überhaupt nicht schlecht und ich mag es, durch die Provinz zu reisen: Dort gibt es unheimlich viele tolle Bühnen und engagierte Menschen, die für sehr vielseitige Kultur in ihrem Ort sorgen. Man lernt eine Menge und bekommt immer mehr Sicherheit, je öfter man spielt.

Ich habe den Eindruck, heute wollen viele Kolleginnen und Kollegen, obschon sie gerade erst anfangen, sofort in großen Hallen spielen – und ins Fernsehen. Sie sind sehr ehrgeizig.

Das ist bei mir nicht so. Ich freue mich, dass es bei mir läuft, wie es läuft. Wenn mal ein Auftritt nicht ganz so gut war, bin ich kurz traurig, aber nicht wütend. Ich zweifle dann auch nicht sofort an mir, übe wie bekloppt oder stelle all meine Texte um und so was. Denn wenn ich das machen würde, wäre ich beim nächsten Mal angespannt, und ich weiß, dass ich besser ankomme, wenn ich locker bin. Deshalb versuche ich, es so gut zu machen, wie ich kann. Vielleicht bin ich nicht so ehrgeizig wie manche jungen Kollegen, aber dafür bin ich entspannter.

Es sind viele junge Kollegen auf deutschen Bühnen unterwegs, sie erzählen von Schwierigkeiten mit ihren Eltern, der Schule, Bartwuchs und Sex. Obwohl ich mir bei manchen nicht sicher bin, ob sie überhaupt schon welchen haben. Also Bartwuchs.

Auch M. träumt schon seit Jahren davon, endlich ein »richtiger« Comedian zu sein, mit seinem Programm durchs Land zu reisen, seine Plakate überall hängen zu sehen und nach der Show Autogramme zu geben.

Ich selbst habe nie davon geträumt, Comedian zu werden. Mein Traum war immer, Animateur zu bleiben, zu saufen und Spaß zu haben.

Nebenbei bemerkt: Die Deutschen sind wirklich komisch. Sie haben ein englisches Wort für einen deutschen Beruf. Oder ist Comedian gar kein Beruf? Wahrscheinlich schon, ich bekomme ja Geld dafür. Ich lebe gut davon, also sage ich mir: »Besser Comedian sein, als richtig zu arbeiten.« Aber richtig Spaß macht es mir noch nicht so lange, eigentlich erst seit ein paar Jahren.

Wie es dann überhaupt dazu kam, dass ich Comedy mache? Das will ich euch gerne erzählen.

Köln ist in der Türkei

Ich heiße Serhat Dogan und bei dem Namen hört man gleich: Ich komme aus Köln. Und zwar bin ich da geboren, 1974, als drittes von insgesamt fünf Kindern. Meine Eltern waren nach Deutschland gekommen, um zu arbeiten. Als Gastarbeiter. Seltsamer Ausdruck, Gastarbeiter. In der Türkei würde man seine Gäste nie arbeiten lassen. Im Gegenteil, man verwöhnt sie, kocht für sie und freut sich über ihren Besuch! Komisch, dass meine Eltern damals trotzdem nach Deutschland gegangen sind.

Mein Vater hat als Elektrotechniker gearbeitet und meine Mutter anfangs noch als Krankenschwester und Sängerin, bevor dann meine Schwestern, eine nach der anderen, auf die Welt gekommen sind.

Aber Mutter und Vater kamen nicht zusammen nach Deutschland, denn damals kannten sie sich noch gar nicht.

Von den Städten, die sich mein Vater angeguckt hat, München, Frankfurt und Köln, hat es ihm am Rhein am besten gefallen, weil die Leute dort so freundlich und offen sind. Ein weiterer Grund war, dass er als Muslim eigentlich, mit gelegentlichen Ausnahmen, keinen Alkohol trinkt, und in Köln wird auch praktisch keiner getrunken, nur Kölsch. Er hat hier gleich Arbeit gefunden und sich niedergelassen.

Ich habe das eben ein bisschen nebenbei reingeschmuggelt, dass meine Mutter Sängerin war. Sie war eigentlich sogar ziemlich berühmt, vor allem in der türkischen Community in Deutschland. Ständig hat sie Konzerte gegeben und ihre Landsleute mit türkischem Liedgut erfreut, sie heißt Asuman Çevikkalp, kennt ihr sie?

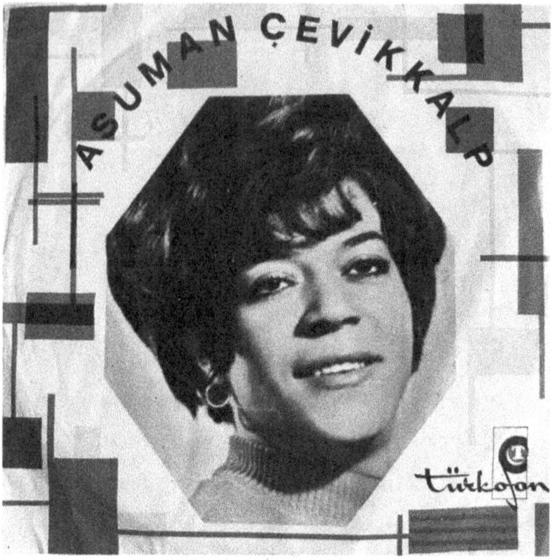

Kennengelernt haben mein Vater und meine Mutter sich, weil ein Fahrer gesucht wurde, der sie zu einem Konzert bringen sollte. Mein Vater machte damals manchmal mehrere Jobs gleichzeitig, er fuhr Taxi und arbeitete als Elektriker. Und er hatte einen großen Mercedes. So kam es, dass Bekannte ihn fragten, ob er nicht unsere Mutter abholen könnte, aus Andernach, wo sie ihre Ausbildung zur Krankenschwester machte, und sie zu ihrem Konzert nach Köln bringen könnte. Obschon Andernach nicht gerade um die Ecke ist, sagte mein Vater zu. Er hatte natürlich schon von ihr gehört, da er aber immer schon recht bodenständig gewesen ist, beeindruckte ihn ihre Berühmtheit wenig. Er fuhr rechtzeitig los, damit er pünktlich um fünfzehn Uhr bei ihr war, damit sie es garantiert ohne Stress zum Soundcheck schaffen würde. Wie er uns erzählt hat, fragte er sich tatsächlich, was das wohl für eine Diva war, die sich von einem privaten Chauffeur abholen ließ. Aber schon als er bei ihr ankam und ihr die Tür aufhielt und ihm ein Hauch ihres orientalischen Parfums in die Nase stieg, merkte er, dass sein Herz schneller zu klopfen anfing. Im Wagen sah er in den Rückspiegel und verlor sich umgehend in ihren sanften Augen, die zugleich genau zu wissen schienen, was sie wollten. War das ein Prachtexemplar von einer Frau! Es dauerte nicht lange und es war um ihn geschehen. Und im Laufe der Fahrt stellte sich heraus: Er ließ auch sie nicht völlig kalt.

Allah, Allah, was soll ich sagen: Die Funken stoben zwischen ihnen, sie hätten eigentlich gar kein Benzin gebraucht, um nach Köln zu kommen! Ja, da guckt ihr Deutschen, hätten alle so ein feuriges Temperament wie wir Türken, bräuchtet ihr euch keine Sorgen um die Energieversorgung zu machen.

Hals über Kopf hatten sie sich verliebt, er vielleicht sogar noch etwas hals-über-kopfer. Ja, sie war eine elegante und selbstbewusste Erscheinung und sie imponierte ihm.

Allerdings waren die beiden sehr unterschiedlich: Er kam von der Schwarzmeerküste, sie aus Izmir. Das ist ungefähr so, als würde sich ein Bayer in eine Ostfriesin verlieben, nur schlimmer. Meine Mutter war sich sicher, dass das nicht gut gehen konnte, sie waren doch schon wegen ihrer geografischen Herkunft so verschieden, hatten ganz unterschiedliche Temperamente, wie ein Döner und eine Baklava, die isst man ja auch nicht gleichzeitig. Außerdem war sie noch sehr jung.

Sie versuchte, ihren Gefühlen zu widerstehen, wies ihn zurück und wollte ihn nicht heiraten.

Mein Vater, sechs Jahre älter als sie, blieb hartnäckig. Einmal lag meine Mutter mit einer Grippe im Krankenhaus. Als mein Vater das hörte, wollte er sie unbedingt besuchen. Mit einem riesigen Blumenstrauß marschierte er zum Krankenhaus, wurde aber von der Stationsschwester abgewiesen, denn meine Mutter wollte nicht, dass er sie besucht, sie wollte ihn ja auch nicht heiraten. Aber er blieb vor ihrem Fenster stehen, auch als es anfing zu regnen. Drei

Stunden wartete er vor dem Fenster in der Hoffnung, sie doch noch sehen zu dürfen. Als die Krankenschwestern meiner Mutter erzählten, dass er seit drei Stunden im Regen auf sie wartet, durfte er kurz zu ihr und ihr die Blumen überreichen. Er war so hartnäckig, weil er sich sicher war, dass er mit ihr die Frau seines Lebens getroffen hatte, mit der er für immer zusammen sein wollte. Nach langem Hin und Her hatte er sie schließlich überzeugt und sie wurde seine Frau, mit gerade mal dreiundzwanzig Jahren.

Als – zwar untypischer, aber dennoch – Türke wollte er selbstverständlich nicht, dass sie weiterarbeitete, schließlich war er der Mann und ihm war es wichtig, für seine Frau und Familie zu sorgen. Wenn er es ihr auch nicht verboten hatte, so merkte sie doch

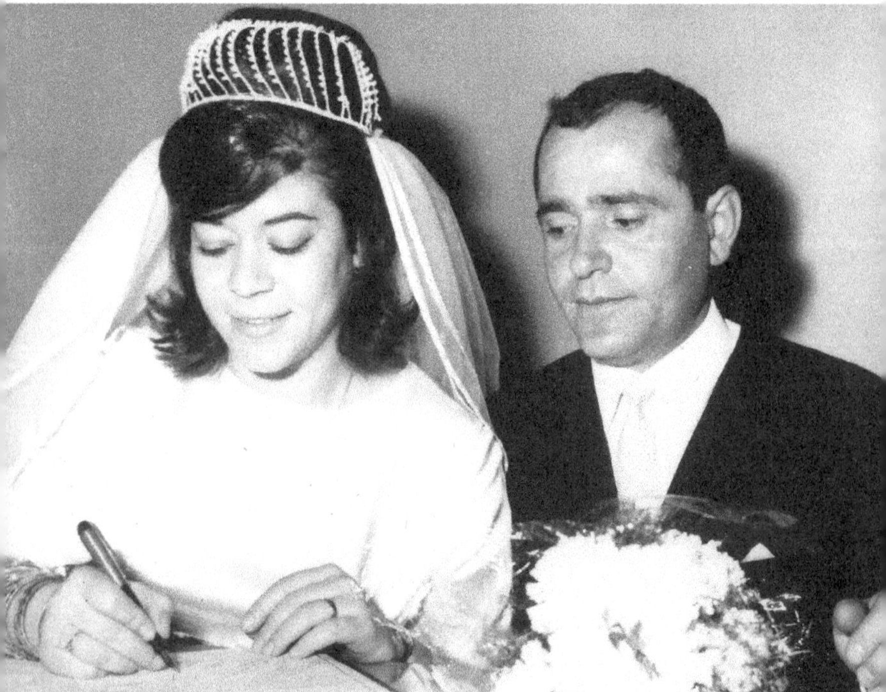

deutlich, dass es ihm nicht recht war, dass sie weiterarbeitete. Außerdem war er ein bisschen eifersüchtig, weil sie in der türkischen Community in Deutschland ein richtiger Star war und viele – natürlich auch männliche – Fans hatte. Aus Liebe zu ihm hörte sie also auf, Krankenschwester zu sein, sang nur noch ab und zu auf Familienfesten und kümmerte sich ansonsten um die Familie, die sehr bald wuchs: Meine Schwestern kamen nacheinander auf die Welt. Zwei weibliche Kinder. Töchter. Mädchen. Die Enttäuschung bei meinen Eltern war riesig, als es beim zweiten Mal auch nicht richtig klappte. Sie wollten nach den Mädchen unbedingt einen Jungen.

Und dann, endlich, erblickte ich das Licht der Welt.

Natürlich war auch meine Geburt ein ganz besonderes Ereignis.

Mein Vater saß am 7. Juli 1974 wie die meisten Menschen nachmittags vor dem Fernseher. Er war sehr aufgeregt, schließlich gab es das Fußballweltmeisterschaftsfinale Deutschland gegen Holland! Jedem, der es hören oder nicht hören wollte, hatte er schon seit Tagen erzählt, dass er sicher war, dass Deutschland es schaffen würde, Deutschland würde natürlich Weltmeister werden, er würde höchstpersönlich durch seine Anwesenheit vor dem Fernseher dafür sorgen. Er hatte sich eine Mischung aus gerösteten und gesalzenen Pistazien, Kürbiskernen, Kichererbsen im Teigmantel, weißen Kichererbsen und Maiskörnern sowie einen kühlen Ayran bereitgestellt und die Sonne hinter fest zugezogenen Gardinen ausgesperrt. Aufgeregt saß er ganz vorne auf der Sofakante und schaufelte nervös Knabberkram in sich rein. Er hatte auf Durchzug geschaltet, als meine hochschwangere Mutter ihn fragte: »Kommst du mit uns? Hülya, Selda und ich wollen spazieren gehen. Vielleicht hat das Kleine dann endlich Lust, auf die Welt zu kommen. Ich mag nicht mehr schwanger sein, ich habe dicke Beine, mich nervt dieser riesige Bauch, etwas Bewegung lockt es vielleicht hervor. Was meinst du, mein Schatz?«

Baba grunzte nur.

»Ach, komm doch mit, es kann jeden Moment losgehen und dann bin ich froh, wenn du an meiner Seite bist, hörst du!« Stöhnend ließ sie sich neben ihm aufs Sofa fallen und blätterte abwesend im neuesten Quelle-Katalog. Er nutzte eine kurze Werbeunterbrechung, um sie zu fragen, was sie eigentlich wollte. Meine Mutter war zu müde, um genervt zu sein, ruhig erklärte sie ihm ein weiteres Mal, dass sie mit ihm und meinen Schwestern spazieren gehen wollte.

»Das geht auf gar keinen Fall, meine Liebste!«, erschrak Baba. »Das Spiel beginnt doch gleich und ohne mich können die auf keinen Fall gewinnen! Was, wenn ich auch nur zwei Minuten nach Anpfiff zurückkomme und dann schießen die komischen Käsefresser ein Tor? Meine Deutschen brauchen mich! Nein, bleib lieber schön hier neben mir sitzen und drücke die Daumen für unsere Mannschaft!«

»Aber vielleicht braucht unser Baby etwas Bewegung ...«, seufzte Anne (Türkisch für »Mutter«).

»Du kannst mir noch einen Ayran bringen, das ist auch Bewegung, sei doch so gut, meine Liebe, und bring mir ein Glas!«

Sie gab auf, hievte sich hoch und schleppte sich zum Kühlschrank. Mit ihrem Mann Fußball gucken wollte sie nicht, also machte sie sich mit meinen Schwestern daran, das Abendessen vorzubereiten.

Doch plötzlich, sie hatte gerade noch das begeisterte »Jetzt geht's los!« ihres Mannes gehört, durchfuhr ein stechender Schmerz ihren Unterleib. »Inşallaaaaaaaaaaaaaaah (so Gott will)!«, rief sie und eilte, so schnell sie konnte, zu ihrem Mann.

»Liebster, ich glaube, es ist tatsächlich so weit!«, rief meine

Mutter ins Wohnzimmer, wo Baba sich schon die Seele aus dem Leib schrie, um »seine« Jungs anzufeuern. »Maier! Maier, den hältst du!«, brüllte er, um sich gleich darauf auf die Brust zu hämmern und zu klagen wie eine türkische Großmutter, die gerade erfahren hat, dass alle zehn Enkel gleichzeitig Zuhälter geworden sind. »Allah, Allah! Hıyarın oğlu (du Sohn einer Gurke)!«, beschimpfte er den Schiedsrichter.

Mein Vater hatte allen Grund, sich aufzuregen, lag doch die deutsche Mannschaft schon eineinhalb Minuten nach Spielbeginn 0:1 im Rückstand. Kein Wunder, dass er da nicht mitbekam, wie meine Mutter sich unter Schmerzen krümmte.

»Sevgilim (mein Schatz), die Wehen, das Baby kommt!«, presste sie hervor und ließ sich wieder stöhnend neben ihm aufs Sofa sinken.

»Canim (Liebste), halte noch durch, nur noch ein bisschen, wir liegen hinten, 0:1 Rückstand!«, keuchte mein Vater aufgeregt und tätschelte meine Mutter irgendwo, ohne hinzusehen.

Sie verzog das Gesicht und versuchte, ruhig zu atmen, mein Vater auch – wenn auch aus anderen Gründen.

»Es geht nicht mehr, wir müssen los!« und »Lieber Mann, bitte, bring mich ins Krankenhaus!«, jammerte meine Mutter in regelmäßigen Abständen und bekam ebenso regelmäßig zu hören: »Es geht noch nicht, noch nicht, Liebste!«

Als plötzlich das Spiel aufhörte, witterte Anne eine Gelegenheit: »Jetzt, fahr mich bitte jetzt sofort ins Krankenhaus, es ist höchste Zeit!«

»Nein, nein, das ist doch nur die Halbzeitpause, das hältst du noch aus, nur noch mal 45 Minuten gleich, Liebste!«

»Ich möchte bitte ins Krankenhaus, du liest doch morgen in der Zeitung, wer gewonnen hat!«

»Ha! Das ist doch nicht das Gleiche! Wieso muss das Baby ausgerechnet jetzt kommen, jetzt wo ich am Fernseher gebraucht werde? Ja, meine Mannschaft braucht mich! Wie soll sie ohne mich gewinnen? Haben wir Wein im Haus?«

»Wein? Wie kommst du denn darauf, du trinkst doch fast nie Wein! Außerdem musst du mich doch gleich in die Klinik bringen!«

»Nein, ich will ja gar keinen Wein, ich dachte nur, vielleicht machen wir bei dir einen Korken rein!«

Sie verdrehte die Augen: »Allah, Allah! Du und deine komischen Scherze!«

»Ich muss mich konzentrieren, es dauert nicht mehr lang, halte nur noch ein bisschen durch!«

Schnaufend und stöhnend schleppte sich Anne durch die Wohnung, schlurfte über Flokati und Linoleum in der Hoffnung, dass ich mir noch etwas Zeit lassen würde. Und, was soll ich sagen, ich war natürlich auch schon im Bauch Fußballfan und konnte meinen Vater sehr gut verstehen. Wer wusste schon, ob es im Kreißsaal einen Fernseher gab? So konnte ich den Spielverlauf wenigstens hören.

Und auch weil es gemütlich war und weil ich mir schon dachte, dass außerhalb des geschützten Raumes im Bauch meiner Mutter einiges auf mich zukommen würde, machte ich noch ein Nickerchen und ließ es ruhig angehen. Erst weit nach dem Spiel, am nächsten Tag früh morgens erblickte ich im Krankenhaus St. Vinzenz in Köln-Nippes das Licht der Welt.

Elhamdülillah (Gott sei Dank), endlich ein Junge! Und was für einer. Wie man sich denken kann, war ich ein besonders süßes Kind. Und noch dazu ein männliches. Zu Hause war ich also der Prinz, ach, was sag ich: der König!

Jetzt hätte man meinen können, besonders mein Vater sei überglücklich gewesen, dass endlich einer da war, der den Namen Do-

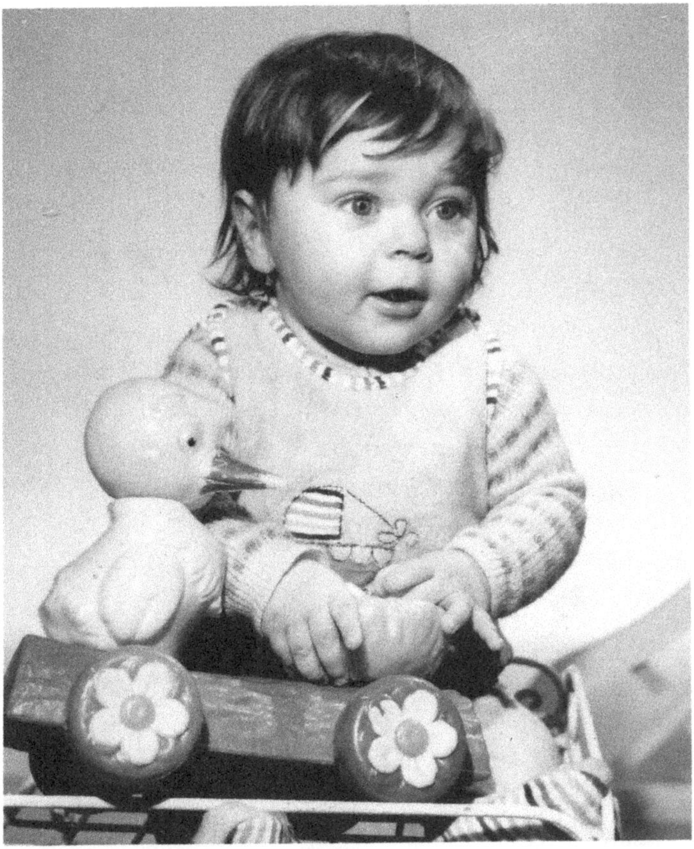

gan weitertragen würde. Ein Stammhalter war damals – und ist es heute noch in manchen Gegenden der Türkei – sehr wichtig und galt mehr als ein Mädchen. Der Bruder meines Vaters hatte vor ihm schon alles richtig gemacht und gleich als Erstes einen Jungen fabriziert, nicht erst wie Baba nach zwei Testläufen. Schließlich heißt ein türkisches Sprichwort: »Ein echter Mann bekommt einen Sohn.« Bei uns war es umgekehrt: Die Mädchen waren die Lieblingskinder meines Vaters und es war vor allem meine Mutter, die mich ganz besonders liebte. Ich war ihr größter Schatz, böse Zungen würden sagen, ich war ein Pascha, denn sie verwöhnte mich nach Strich und Faden – wie ich es natürlich auch verdient hatte. Ich bekam das neueste Spielzeug, Leckereien und gesundes Essen wie Honig, Pollen, Nüsse und Früchte und natürlich viele Streicheleinheiten. Von dem ganzen gesunden Essen wuchs ich und sah mit zehn schon aus wie ein dreißigjähriger Kugelstoßer. Mich wundert die ganze Zuneigung nicht, schließlich war ich ein sehr lieber, freundlicher und niedlicher Kugelstoßer. Das fanden auch meine Schwestern.

Vielleicht trug zur Hätschelei meiner Familie auch bei, dass ich als ganz kleiner Serhat eine Art Asthma hatte und schnell Atemnot bekam, besonders wenn ich weinte. Deshalb behandelten mich meine Schwestern, die ja nur ein paar Jahre älter waren als ich, wie ein rohes Ei, wenn sie auf mich aufpassten.

Unsere Mutter zeigte ihnen, wie ich gebadet werden musste, und sie waren wohl furchtbar nervös, wenn ich in der Babywanne saß. Warum? Viele Jahre später haben sie mir davon erzählt: »Wir waren ja auch noch Kinder und wir hatten echt Angst, dass wir dich aus Versehen ersäufen!«, erzählte mir neulich meine Schwester Hülya, als wir zusammen einen Ausflug machten. Das hat sie mir zum Glück erst jetzt erzählt – wenn ich es damals schon gewusst hätte, ich hätte lieber alleine gebadet, ich schwör!

Einmal hatte meine Mutter mich selbst gebadet und legte mich auf die Wickelkommode. Über mir tanzten bunte Holzfische an einem Mobile. Während ich auf der Wickelauflage hin und her kullerte, redete sie mit Kosenamen und süßen Worten auf mich ein, (in der Familie sprachen wir beides: Deutsch und Türkisch, aber Flüche und Koseworte waren oft auf Türkisch): »Benim sevimli prensim, benim küçük hazinem, sen tüm çocukların en tatlısısın, altın oğlum …«, und so weiter, was auf Deutsch etwa heißt: »Mein niedlicher kleiner Prinz, du süßestes aller Kinder, mein Schätzchen, mein Schnuckelchen, mein Goldjunge«, und da schaute ich sie nur fröhlich an und pinkelte im großen Strahl direkt in ihren Mund. Und anstatt mich für diese Leistung zu loben, war sie entsetzt und sah das als Zeichen, dass sie mich zu sehr verwöhnt hatte, und wollte sich in Zukunft etwas mehr zurückhalten.

Aber mein Charme – was soll ich sagen – ließ sie diese Begebenheit schnell vergessen und ich wurde wieder verhätschelt und getätschelt, wie es mir gefiel. Und auf meine Treffsicherheit bin ich heute noch stolz.

Als ich etwas älter war, wurde es besser mit der Atemnot beim Weinen. Also weinte ich nur noch ab und zu, wenn ich nichts anderes vorhatte. Und wenn ich partout nicht schlafen wollte, weil es viel interessanter war, aufzubleiben und die Welt zu entdecken, setzte sich meine älteste Schwester Hülya auf den Boden, lehnte sich gegen die Wand und legte mich so auf ihre Beine, dass sie mir ins Gesicht sehen konnte. Dann schaukelte sie mich sanft hin und her. Als das nichts half, sang sie dazu das passende türkische Lied:

Yuvada yavru kus ninni
Erkenden uyumus ninni
Yum sen de güzel gözlerini ninni
Gül yüzlü yavrum ninni
Göklerde ay soldu ninni
Yildizlar kayboldu ninni
Yum sen de güzel gözlerini ninni
Küçük yavrum ninni

Übersetzt:

Der kleine Vogel im Nest
Ist früh eingeschlafen
Schließ auch du die Augen, meine Hübsche

Und schlaf, mein Kind
Im Himmel ist der Mond verwelkt
Die Sterne verschwunden
Schließ auch du die Augen
Meine Kleine, und schlaf, mein Baby

Als das auch nicht dazu führte, dass ich einschlief, änderten meine Schwestern das Lied inhaltlich etwas ab:

Der kleine Vogel im Nest
Kann nicht schlafen
Seine Mutter ist tot, mein Hübscher
Hoffentlich lebt der Vater noch
Im Himmel ist der Mond verwelkt
Und auch der Vogelpapa musste sterben
Schließ auch du die Augen
Mein Kleiner, und schlaf, mein Baby

Wegen des Liedes musste ich so sehr weinen, dass ich irgendwann vor Erschöpfung einschlief. Es half also auf eine Art. Fortan sangen meine beiden Schwestern immer dieses Lied, wenn ich schlafen sollte. Und leider funktionierte es meistens.

Bis auf den Soundtrack hatte ich also eine vorwiegend schöne Kindheit mit meist netten Spielkameraden und vielen tollen Spielsachen; sogar eine Tankstelle für meine Modellautos hatte ich und Fahrrad fahren lernte ich auf einem nigelnagelneuen Jungsfahrrad. Natürlich. Und auch wenn wir Kinder keine eigenen Haustiere hatten: Unsere Nachbarin hatte einen süßen Hund, mit dem ich sie gerne in den Park begleitete, um dort mit dem Hund um die Wette zu rennen.

Denn schon als kleiner Junge hatte ich nämlich eine unglaubliche Energie. Ich spielte Fußball mit meinen Freunden, kletterte auf Bäume, schwamm und rannte, wie von der Tarantel gestochen, durch die Gegend. Nichts und niemand konnte mich aufhalten, so erzählt man noch heute.

So richtig gut daran erinnern kann ich mich allerdings nicht.

Mit vier Jahren hatte ich nämlich einen schlimmen Unfall. Es war ein sonniger Tag und nach dem Kindergarten war ich, wie fast jeden Tag, mit meinen Freunden aus der Nachbarschaft, Ömer und Markus, verabredet zum Ballspielen. Ich war sehr gut, natürlich, konnte toll werfen und fangen und so hatten wir viel Spaß auf dem kleinen Rasenstück vor unserem Haus, das in einen Gehweg an einer ruhigen Einbahnstraße überging. Die beiden anderen waren so mittelgut im Werfen und Fangen, aber ich will niemandem einen Vorwurf machen, weil er meinen genialen Pass nicht mehr kriegen konnte, wahrscheinlich war er einfach unhaltbar und so sprang der Ball in hohem Bogen auf die andere Straßenseite. Ich guckte kurz nach links, ob ein Auto kam, und jagte dann hinterher. Dummerweise kam das Auto aus der anderen Richtung. Dann wurde es dunkel.

Der Falschfahrer hatte mich so heftig angefahren, dass ich eine äußerst schwere Kopfverletzung davontrug. Es war ein riesiges Wunder, dass ich das überlebte. Drei Tage lag ich im Koma und der Arzt hatte meinen Eltern schon geraten, sich von mir zu verabschieden. Gut, dass sie das nicht gemacht haben, denn ich wachte wieder auf. Wie, das habt ihr euch schon gedacht? Habt ihr davon gehört damals? Oder, eher gesagt, gelesen? Denn damals begann schon meine Berühmtheit! Mein Onkel war nämlich gerade in dem Moment auch draußen gewesen und hatte den Aufprall miterlebt, er war zu mir gerannt und hatte mich dann zum Krankenwagen getragen. Der Kölner *EXPRESS* war zufällig auch sofort vor Ort gewesen und hatte ein Foto gemacht, das mit der Überschrift »Vater trägt schwer verletzten Sohn zum Krankenwagen« riesengroß auf Seite eins (oder zwei) veröffentlicht wurde. Schlampig recherchiert, aber immerhin war es ein großes Bild!

Zum Glück habe ich davon nichts mitbekommen. Und noch größeres Glück war, dass ich so eine robuste Gesundheit hatte und nach einigen Tagen im Krankenhaus und mit der Hilfe vieler toller Ärzte und Krankenschwestern wieder ganz gesund wurde.

Für meine ganze Familie war dieser Unfall ein riesiger Albtraum gewesen und ich wurde nun noch mehr verwöhnt.

Ach so, und um das klarzustellen: Es ist nichts übrig geblieben von meiner Kopfverletzung. Glaube ich. Alle Tassen sind im Schrank. Auch eine seltsame deutsche Redewendung: Was ist mit den Tellern?

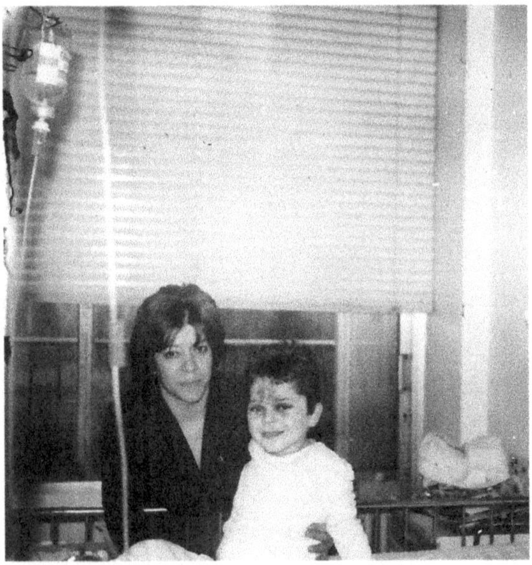

Experimente

Trotz dieses schrecklichen Erlebnisses fiel es mir weiterhin sehr schwer, still zu sitzen – und das tut es auch heute, mit zunehmendem Alter, noch. Ich stürzte mich voller Energie in meine Spiele, tobte mit Freunden herum und musste oft nass geschwitzt und knallrot vom Spielplatz regelrecht nach Hause gezerrt werden. Ständig machte ich neue, wichtige Turn- und Artistikerfahrungen.

Einmal war mir langweilig. Es waren Sommerferien, niemand war zu Hause, außer meiner Mutter, und die hatte zu tun, sie telefonierte mit einer Freundin in der Türkei. Draußen regnete und stürmte es und ich hatte keine Lust, mit meinen Freunden Fußball zu spielen. Aber irgendetwas musste ich doch machen, es gab noch immer wichtige Experimente, die ich nicht durchgeführt, Sportarten, die ich noch nicht ausprobiert, und Stunts, die sich keiner vor mir getraut hatte.

Ein paar Tage zuvor hatten wir im Fernsehen eine Sendung aus dem großen *Zirkus Krone* gesehen. Ich liebte den Zirkus! Dort hatte es Artisten gegeben, die auf Bällen in die Manege gerollt waren. Wie der Hamster in seinem Rad bewegten sie sich vorwärts, indem sie den Ball als Laufrad benutzten. Ja, es waren Artisten, für mich allerdings Amateure. Was sie konnten, würde ich noch viel besser machen, davon war ich überzeugt. Zwar hatte ich keinen so großen Ball zur Verfügung wie die im Fernsehen, aber den Ball, den ich immer zum Fußballspielen benutzte – er war immerhin etwas größer als ein herkömmlicher Fußball. Der ging bestimmt auch. Ich versuchte also, es den Zirkusleuten nachzutun und mich erst einmal auf den Ball zu stellen. Am besten würde das draußen auf dem Balkon klappen, da konnte ich mich am Geländer festhalten und meine Mutter würde nichts von meiner neuen, umwerfenden Zirkusnummer, die ich mir höchstselbst ausgedacht hatte, mitbekommen. Schließlich war es etwas ganz Besonderes, auf diesem verhältnismäßig kleinen Ball durch die Gegend zu rollgehen. Ich sah mich schon neben den Artisten im Fernsehen brillieren, ich würde berühmt werden als jüngster Ballläufer der Welt, so viel war klar.

»Und hier kommt Serhat Dogan!«, präsentierte ich mich selbst mit weit ausgebreiteten Armen und probierte, irgendwie auf den Ball zu kommen. Es gestaltete sich besonders schwierig. Immer wieder versuchte ich, mich barfuß auf den Ball zu stellen, aber sobald ich mit einem Fuß draufstand und den anderen in die Luft hob, um ihn danebenzuquetschen, flutschte der Ball wieder darunter weg, und hätte ich mich nicht am Balkongeländer festhalten können, hätte ich mich mehrmals auf die Nase gelegt. Es war zum Mäusemelken. Es regnete in Strömen und der Wind lenkte den ein oder anderen Schwall auch auf mich, aber das war mir egal.

Drinnen hörte ich meine Mutter schallend lachen am Telefon, ich konnte also mein anspruchsvolles Experiment unbemerkt fortführen. Mit hochrotem Kopf, dampfend vor Schweiß, war ich zum x-ten Mal vom Ball geglitscht. Wie, zum Teufel, konnte ich auf diesem blöden Ball stehen bleiben? Was konnte den Ball daran hindern wegzurutschen? Plötzlich kamen mir unsere Eierbecher in den Sinn. Ich hatte einen aus Holz, in Form eines kleinen Huhns. Na klar! Ich würde den Ball einfach in etwas hineinlegen, das einen ebenen Boden hatte!

In der Ecke stand ein Plastikeimer, in dem meine Mutter normalerweise Blumenerde für die Balkonpflanzen aufbewahrte. Jetzt gab es gerade keine Geranien in den Kästen und der Eimer war leer.

Zack, den Ball in den Eimer gestopft und mithilfe des Geländers hinaufgeklettert! Und, was soll ich sagen, ich stand auf dem Ball und lobte mich für meinen Einfallsreichtum. Nun musste ich nur noch meine kleinen, verschwitzten Hände vom Balkongeländer lösen – und ich stand! Immerhin. Von laufen auf dem Ball konnte noch keine Rede sein, aber jetzt, wo ich einmal eine gute Position auf dem in den Eimer geklemmten Ball gefunden hatte, war es nur eine Frage der Zeit, dass ich mein Gleichgewicht so austarieren konnte, dass ich nachher auch als »Serhat, der geborene Bällläufer« meine Mutter überraschen würde, so viel war klar. Vorsichtig nahm ich also erst die eine, dann die andere Hand vom Geländer und dann ...

Wahrscheinlich war es eine Windböe gewesen. Anders konnte ich mir das nicht erklären, als ich in einem Krankenhaus wieder zu mir kam. Meine Mutter hatte anscheinend inzwischen aufgehört zu telefonieren, denn sie saß mit verweintem Gesicht an meinem Bett. »Inschallah, du bist wach! Oh mein Engel, mein Ein und Alles, wie konnte das nur passieren?« Ich war definitiv zu müde, um ihr das ausführlich zu erklären, die Schmerzmittel und die Narkose ließen mich sofort weiterschlummern.

Später erfuhr ich dann, dass ich mit dem Kopf gegen das Geländer geknallt war, weshalb ich dort eine Platzwunde hatte. Zusätzlich hatte ich mir beim Versuch, mich abzustützen, am Arm einen komplizierten Bruch zugezogen, der mich noch längere Zeit beschäftigen würde. Bis mein Arm nämlich wieder vollständig und richtig zusammengewachsen war, musste man ihn mir noch neun (!) weitere Male brechen, weil er immer wieder falsch zusammengewachsen war. Zum Glück wusste ich das im Krankenhaus noch nicht, denn ich freute mich schon darauf, die Erkenntnisse meines Ball-Eimer-Balkon-Versuchs bald in eine optimierte Lösung einfließen zu lassen.

Meine Eltern und Hülya und Selda hingegen litten sehr. Eventuell würde ich eine erneute Probenphase doch noch etwas verschieben müssen.

Ja, ich war schon so etwas wie ein Sorgenkind und ich finde, ich hatte es verdient, ein wenig mehr verwöhnt zu werden als meine

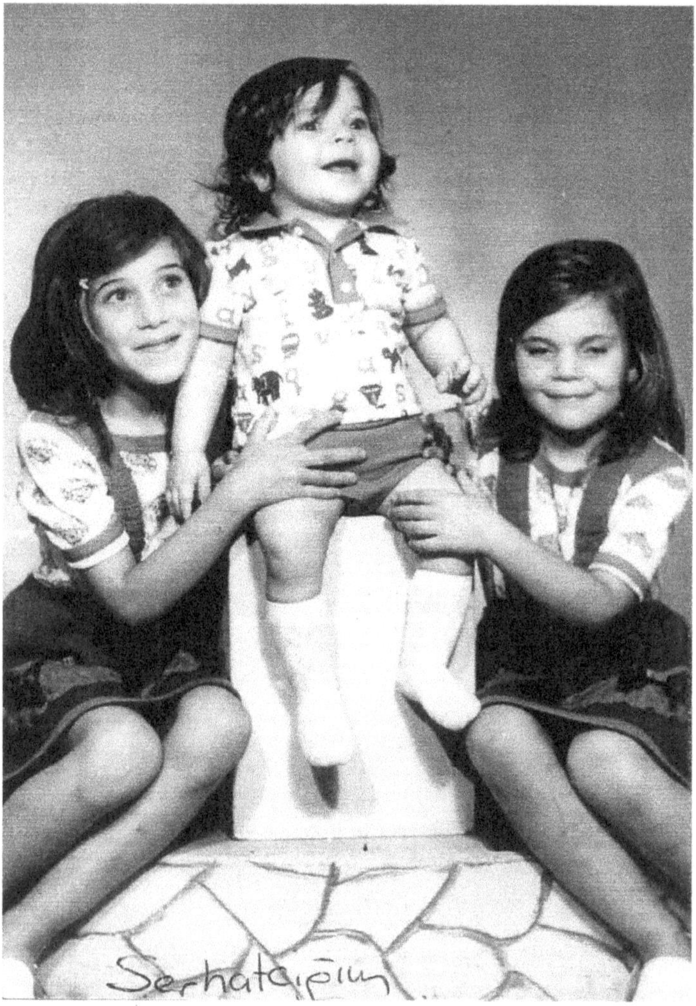

Geschwister. Schließlich haben die sich gar nicht erst an solch existenziell notwendige Experimente herangetraut.

Oder haben sie auch welche durchgeführt und ich habe es einfach nur nicht mitbekommen? Das ist möglich. Meine älteren Schwestern sah ich nämlich eigentlich nur in den Sommerferien, wenn sie nach Köln kamen. Als ich ein Jahr alt war, schickten meine Eltern, wie es damals nicht unüblich war, meine sieben Jahre ältere Schwester Hülya in die Türkei, dann folgte zwei Jahre später meine fünf Jahre ältere Schwester Selda. Ich war zwar noch sehr klein, aber dennoch sehr froh, dass ich nicht wegmusste! Und ich vermisste meine Schwestern, wir hatten doch immer so schön und viel miteinander gespielt!

Warum sie wegmussten? Na ja, meine Mutter war sehr mit mir beschäftigt, mein Vater arbeitete hart und sie beide wollten, dass die türkische Kultur und Sprache in der Familie gefördert wurden. Was sie meinen Schwestern damit antaten, war ihnen wohl gar nicht so bewusst:

Viele Türken waren nach dem Anwerbeabkommen Deutschlands (Deutschland brauchte nach dem Krieg, beziehungsweise während des starken Wirtschaftswachstums, viele Döner … äh, Arbeitskräfte und bot nach den Italienern und Spaniern auch Menschen aus der Türkei Arbeit an) 1961 hierhergekommen und hatten ihre Kinder manchmal in der Türkei bei Verwandten untergebracht, um mehr arbeiten zu können. Die Versorgung der Kinder war in der Heimat durch Verwandte sichergestellt und sie selbst hatten ja auch vor, nach wenigen Jahren wieder zurückzukommen.

Dann wurden aus den wenigen Jahren aber oft sehr viele Jahre und die Kinder, wie meine Schwestern, wuchsen praktisch ohne Eltern auf; sie kamen sich fremd vor, wenn sie zu Besuch in Deutschland waren, und fühlten sich abgeschoben in die Türkei

– zur Oma, wie meine älteste Schwester Hülya, oder sogar in eine Pflegefamilie, wie die zweitälteste, Selda.

Ich kann die Denkweise schon nachvollziehen: In Deutschland gab es viel Arbeit und in der Türkei viel zu wenig. Dass Türken dann für ein paar Jahre ordentlich Geld in Deutschland verdienen wollten, was sie – zurück in ihrer Heimat – gut gebrauchen konnten, ist verständlich. Dass Kinder dabei nicht so hilfreich waren, weil diese ja viel Zeit in Anspruch nahmen – leuchtet ein. Und dass es den Eltern wichtig war, die türkische Kultur in ihren Familien fortleben zu lassen, ist auch verständlich. Dennoch war es für die sogenannten »Kofferkinder« eine schwere, traumatische Belastung, konnten sie doch in ihren jungen Jahren die Beweggründe der Eltern meist nicht begreifen und fühlten sich einfach abgeschoben und ungeliebt, außerdem komplett entwurzelt, weil sie die Sommer immer mit der ganzen Familie in Deutschland verbrachten, sich dann aber, kaum hatten sie sich daran ein wenig gewöhnt, wieder auf den Weg in die Türkei machen mussten. Es gab damals unglaublich viele Kinder, denen es so ging, und noch heute leiden die – inzwischen schon lange Erwachsenen – darunter.

Kinder, Kinder!

Inzwischen hatte ich noch eine Schwester und noch einen Bruder bekommen. Es war praktisch, dass wir zwei ältere Schwestern hatten, die sich um uns kleinere Kinder kümmern konnten, auch wenn diese sich manchmal wie Dienstmädchen vorkamen. Ja, wir Türken haben viele Kinder:

Aus meiner Fanpost:

Erika, 35, aus Bielefeld, fragt: »Warum macht ihr so viele Kinder?«

Erika, das erste Kind muss sein, damit die Familie nicht stirbt.
Das zweite Kind muss sein, damit das erste Kind nicht alleine ist.
Das dritte Kind ist für Altersvorsorge.
Das vierte Kind ist, weil Papa vergessen hat, Kondom zu benutzen.
Das fünfte Kind ist, weil drittes Kind ist zu faul für Altersvorsorge.
Und ab dem sechsten Kind ist es sowieso egal.

Meiner Mutter war es unangenehm, dass wir vermuten konnten, sie hätte Sex mit meinem Vater gehabt. Sie hat immer gesagt, alle Kinder waren Zufall. Eins nach dem anderen. Ständig sei mein

Vater nackig gestolpert und ungeschickt auf sie gefallen, als sie zufällig auch gerade nackt war. Sie hätte eigentlich gar keine Kinder gewollt, erzählt sie heute noch. Außer mich natürlich. Aber ich glaube, das war gelogen. Ich bin mir sicher, meine Eltern haben uns alle sehr geliebt.

Bevor mein kleiner Bruder Ferhat zur Welt kam – jaja, macht euch ruhig lustig über Ferhat und Serhat, Lolek und Bolek, liebe Leser, ich weiß auch nicht, was meine Eltern daran so toll fanden, noch heute kommt unsere Mutter mit den beiden Namen durcheinander –, fiel Anne immer wieder um, sie hatte große Kreislaufprobleme. Woran nur konnte das liegen? Sie hatte wirklich keine Ahnung, dass da wieder ein kleiner Mensch in ihrem Bauch heranwuchs, und ihr Mann, mein Vater, auch nicht. Ich frage mich, wie sie das mit den anderen Kindern gemacht hatten. Ich meine: Inzwischen mussten sie doch gemerkt haben, wie das geht mit dem Kindermachen. Wie konnten sie beim fünften Mal so ahnungslos sein? Allah, Allah. Der Arzt riet meiner Mutter, gegen die Kreislaufprobleme Wein zu trinken, Rotwein. Das sei gut fürs Blut. Also besorgte Baba Wein und den tranken sie zusammen. Sie leerten Flasche um Flasche und es wurde nicht besser mit Annes Schwindel, im Gegenteil, es kamen jetzt auch noch Kopfschmerzen dazu! Und plötzlich war Ferhat auf der Welt. Mal wieder ein Unfall und ein Wunder! Noch heute pilgern jedes Jahr Tausende Menschen zum Haus der Dogans in Köln, um die »unbefleckte Empfängnis« zu feiern.

Unserer Mutter war es damals, wie wahrscheinlich jeder Mutter, sehr wichtig, was andere Menschen von uns dachten. Sie wollte in der Nachbarschaft als ordentlich und gewissenhaft gelten. Mir war das natürlich völlig egal. Ich war vergnügt und freute mich darauf, immer mehr Abenteuer zu erleben.

Und das nächste wartete schon: Wir Kinder hatten Läuse! Nun

ist das ja nicht ungewöhnlich, wo viele Kinder sind, die mit anderen Kindern spielen, gibt es eben auch kleine Tierchen, die von einem Kopf zum nächsten hüpfen und es sich dort gut gehen lassen und sich immer mehr vermehren.

Meine Mutter aber war außer sich: Der gesamte Haushalt musste auf den Kopf gestellt werden, unsere Haare mit Läuseshampoo gewaschen werden, sämtliche Betten abgezogen und die Bettwäsche gewaschen werden, Stofftiere kamen wochenlang in luftdicht verschnürte Müllbeutel in Quarantäne und es wurde dafür gesorgt, dass das Übel so schnell und so unauffällig wie möglich beseitigt wurde. Ich fand das große Trara, das darum gemacht wurde, großartig. So ein Durcheinander! Toll! Also sang ich bei einem Besuch mit meiner Mutter im Kaufhof lauthals, während sie nach neuen Socken für mich suchte: »Ich habe Läuse-Läuse-Läuse, sie hüpfen auf meinem Kopf herum, La-La-La-La-Läuse!« Ich erinnere mich noch gut an das entsetzte Gesicht meiner Mutter, die wie von der Tarantel gestochen hinter dem Sockenregal hervorgeschossen kam und mir den Mund zuhielt: »Allah, Allah, was machst du denn? Was sollen nur die Leute denken? Sei still, die denken doch, wir waschen uns nicht!« Ich verstand sie nicht, mir gefiel das ganze Theater wegen der Läuse. Und apropos Theater: Seht ihr, liebe Leser? Ich habe schon damals ganz alleine meine allererste Show organisiert!

Izmir fremd

Als meine Eltern genug Geld verdient hatten und sich entschieden, wieder in die Türkei zurückzukehren, war ich sechs Jahre alt. Wir wussten auch schon genau, wohin wir ziehen würden: nach Izmir. Dort hatten meine Eltern über die Jahre ein stattliches Haus gebaut, mit einem großen Schild: »Dogan-Apartment«. Trotzdem fiel die Rückkehr sehr schwer, vor allem meinem Vater, er wollte erst gar nicht zurück, denn er liebte Deutschland. Was für ein schönes Land, es gab für alles Vorschriften, die auch eingehalten wurden, hier verdiente er gut, fuhr einen Mercedes und er liebte die deutschen Tugenden Sauberkeit, Disziplin und Pünktlichkeit. Außerdem hatte er eine Menge deutscher Freunde, war gut integriert – auch wenn er gleichzeitig als gläubiger Muslim betete und fastete. Er konnte beide Kulturen gut miteinander verbinden und fühlte sich wohl als Muslim in Deutschland. Wenn er sauer war, schimpfte er nicht auf Türkisch, sondern brüllte: »Jessas Maria!«

Mir selbst sind die Deutschen ein bisschen zu diszipliniert. Selbst die Hunde gehorchen hier besser als in der Türkei:

> Deutsche Hunde sind sehr lustig für mich, sind so brav! Herrchen so: »Hasso, bei Fuß!« Und Hasso … MACHT DAS SOGAR! Guckt brav zu seinem Herrchen hoch, hechelt. Unglaublich! Deutsche Hunde sind wie Soldaten.

In der Türkei, wenn Herrchen sagt »bei Fuß«, der Hund so zehn Meter weg ... dann ist das auch noch so, wenn die Sonne untergeht!
»Ey Bobo, ich hab gesagt: bei Fuß! Bei Fuß hab ich gesagt ... Bei Fuß! ... Nein, falsche Richtung ... Allah, Allah, ich ficke diesen dummen Hund.«
Und der Köter guckt wie der Nubbel an Aschermittwoch.
So ist das in der Türkei.
Kommst du da mit einem Hund an die rote Ampel, reißt der an der Leine wie 'n Stier, der 'n rotes Tuch gesehen hat.

Und jetzt ein Deutscher mit Hund an der roten Ampel: »Sitz! Braaav. Siehst du, Hasso?! Die Ampel ist rot, deshalb müssen wir warten. Denn wenn wir Rot haben, haben die Autos Grün, verstehst du?«
Die Deutschen reden mit Hund wie mit Mensch.

Neulich in Köln: Ich parke mein Auto, kommt ein Mann, so 60 Jahre, mit sehr kleinem Hund – Rehpinscher. Sieht aus wie Ratte, aber Beine sind länger. Hund will zu mir laufen und ich höre DAS: »Jaaa, da hält ein Auto. Jaaa, da steigen Menschen aus. Nein, nicht für uns.«
Und was macht der Hund? Geht bei Fuß weiter.

In der Türkei: Hund springt ins Auto, macht Pipi und hat Sex mit Gaspedal.

Echt, deutsche Hunde haben so viel Disziplin!

Ich glaube, wenn Deutschland in Afrika wäre … Da wäre alles anders. Nicht so: Löwe jagt hinter Zebra her. – Nein, SO:
»Zebra, sitz!!! Brav! Löwe, bei Fuß!!! Brav! So, jetzt rechtes Bein vom Zebra fressen – aber nur 300 Gramm!«

Und wenn die Türkei in Afrika wäre?!
Die Gorillas hätten Goldkettchen – und die Krokodile wären gefälscht.

Mein Vater kam selbst aus armen Verhältnissen und für ihn stand fest: Seine Kinder sollten es besser haben als er. Deshalb war ihm sehr wichtig, dass seine Kinder studieren konnten. Alle. Er würde auch auf der Baustelle arbeiten, wenn es sein musste, nur damit seine Kinder studieren könnten. Haben sie dann auch alle.

Meine Mutter wollte, ganz anders als mein Vater, unbedingt zurück. Sie liebte ihre Heimat, ihre große türkische Familie, hatte dort viele Freunde und wurde als berühmte Sängerin bewundert und hofiert. Sie war eine Diva, die gern große Partys gab und für Freunde sang. Außerdem hatten meine Eltern in Deutschland die Achtundsechziger mitbekommen: nackte, kiffende Demonstranten, die Regeln brachen und in Kommunen wild durch die Gegend vögelten und die daraus entstandenen Kinder antiautoritär erzogen. Da durchaus die Gefahr bestand, dass wir Kinder das genau so nachmachten, war es besser, in die Türkei zurückzugehen, fand unsere Mutter. Dort gab es keine Nackten, keine Drogen und keine Sexualität.

Es war ihr zudem wichtig, dass ich in der Türkei in die Schule kam. Also »verdanken« wir es auch ein wenig mir, dass wir nach Izmir zogen.

Weil mein Vater ein untypischer Türke war, nämlich kein Macho, gab er dem Drängen meiner Mutter nach und wir kehrten Deutschland den Rücken. Die deutsche Politik gab uns Ausländern damals auch finanzielle Anreize, damit wir zurückkehrten.

Mein Vater hatte Schwierigkeiten, sich an das Leben in der Türkei anzupassen. Einmal gab es Probleme mit dem Strom im Wohnzimmer und er rief den Elektriker an. Er hatte Glück: Gleich am nächsten Tag um zehn wollte dieser vorbeikommen. Baba wartete zu Hause. Um zehn kam kein Elektriker. Auch um halb elf war er noch nicht da. Als er um Viertel vor elf nicht da war, rief mein Vater beim Elektriker an. »Ich bin gleich da!«, ließ der ihn wissen. Aber auch eine halbe Stunde später gab es keine Spur von ihm und mein Vater rief wieder bei der Firma an. »Er ist bei Ihnen um die Ecke, er muss jeden Moment da sein!«, vertröstete man ihn. Um kurz nach halb zwölf verließ mein Vater stinksauer das Haus.

Als er anderntags um elf gerade zum Einkaufen fahren wollte, klingelte es an der Tür. Es war der Elektriker.

»Wieso kommen Sie jetzt erst?«

»Wieso, ich bin doch nur eine Stunde zu spät.«

»Gestern hätten Sie kommen sollen!«

»Achso, ja, gestern konnte ich nicht – meine Oma ist gestorben!«

Das tat meinem Vater natürlich sehr leid und er hatte Verständnis. In der Türkei ist es so: Wenn die Oma stirbt, hat jeder Verständnis.

Über die Jahre haben mein Vater und der Elektriker sich angefreundet und in der Zeit ist seine Oma noch zehn Mal gestorben. Es hat lange gedauert, bis mein Vater sich wieder daran gewöhnen konnte, dass türkische Omas öfter sterben.

Ich war froh, bei meiner Familie zu sein, und freute mich, dass ich meine Schwestern wieder um mich hatte. Ob in Deutschland oder in der Türkei, das war mir egal, Hauptsache, ich hatte meine Familie um mich. Von zahlreichen Reisen kannte ich natürlich auch Onkel, Tanten, Omas, Opas und Cousins und Cousinen in der Türkei und fand mich ziemlich schnell zurecht.

Wir wohnten in dem Teil von Izmir, in dem kaum jemand mit Kopftuch zu sehen war, Frauen konnten auch noch spätabends unterwegs sein, es war ein fortschrittlicher, ja geradezu moderner Teil der Türkei, in dem der Lebensstil viel mit unserem bisherigen in Köln gemeinsam hatte. Und ich meine nicht nur das türkische Viertel. Hier im Stadtteil Karşıyaka konnte man sich durchaus sehr wohlfühlen.

In der Familie haben wir anfangs immer Deutsch gesprochen. Das war unsere Geheimsprache, denn die Nachbarn konnten uns nicht verstehen. Wenn meine Mutter uns zum Einkaufen schickte, rief sie uns auf Deutsch hinterher: »Kauft nicht den teuren Käse! Der billige reicht!«

Nur eines fehlte mir in der Türkei: Überraschungseier. Ich war in Köln immer sehr aufgeregt gewesen, wenn meine Mutter mir eins vom Einkaufen mitgebracht hatte. Was nur konnte darin sein? Ich stopfte die Schokolade schnell in mich hinein, damit ich möglichst bald an das Spielzeug kam. Manchmal, wenn mir eine bestimmte Figur fehlte, ging ich auch mit zum Einkaufen und schüttelte die Eier, bis ich eins fand, das sich nach meiner Figur anhörte – oder meine Mutter mit mir schimpfte und mich von den Ü-Eiern wegzog. Angekommen in Izmir verstand ich lange nicht, dass man sie dort damals nicht kaufen konnte. So richtig verstanden habe ich das heute noch nicht. Ich meine, es gab Spiel, Spaß, Spannung und Schokolade! Vier Dinge auf einmal! Vier extrem bedeutsame Dinge! Hallo?!

Gut, ich beruhige mich wieder, schließlich kann man sie heute auch in meinem Heimatland kaufen.

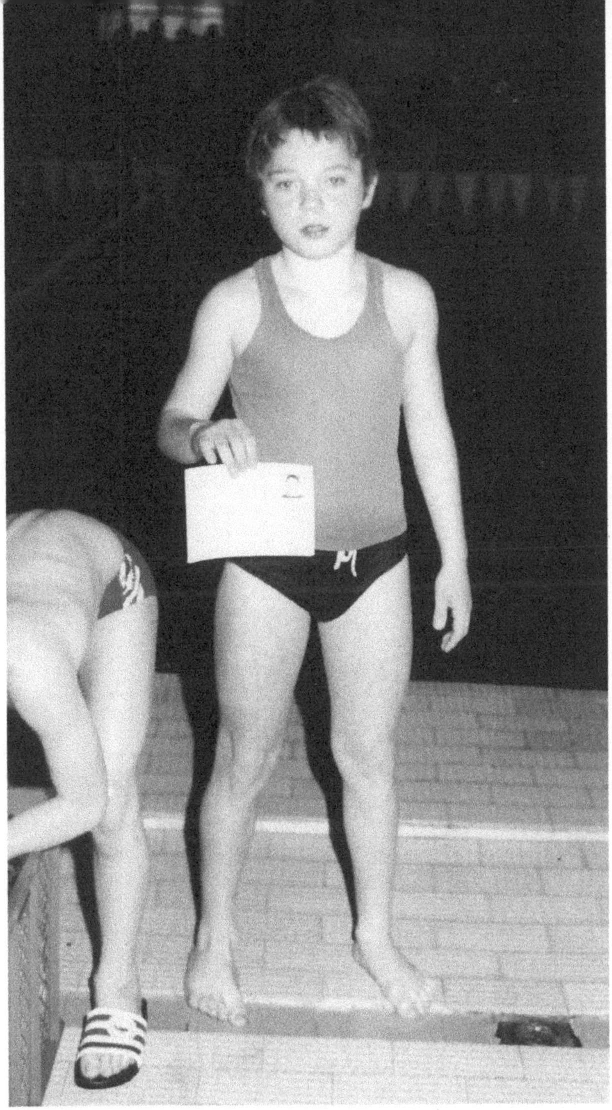

In Izmir kam ich in einen Schwimmverein. Endlich! Leute, ich musste mich einfach immer schon viel bewegen! Stillsitzen war mir ein Graus und deshalb liebte ich es zu schwimmen. Mein Schwimmtrainer sagte damals zu meiner Mutter: »Am besten ist es, wenn man Serhat jeden Morgen an die Leine nimmt, ins

Auto stopft, zum Schwimmbad fährt und ihn dann ins Becken schmeißt.« Er sah mein Potenzial und förderte mich. Er wusste, dass ich es als Schwimmer einmal weit bringen würde. Keine Spur mehr vom neunfach gebrochenen Arm! Wie eine dieser kleinen Aufziehenten peste ich stundenlang durchs Wasser. Nur schneller. So ein Energiebündel war ich. Eben wie heute. Wer mich auf der Bühne erlebt, weiß, dass sich da nicht viel geändert hat.

In der Schule hatte ich auch Spaß. Nicht so sehr am Unterricht, aber bevor die Mädchen Sport machten, schlich ich mich mit meinen besten Freunden Özgür, Serkan, Murat, Dobo, Kaan und Timucin (wir sind seit 1983 befreundet und haben uns damals den Namen »Darbeli Matkaplar«, das heißt »Die Bohrmaschinen«, gegeben) in die Umkleidekabine. Wir versteckten uns oben auf den Schränken und beobachteten die Mädchen beim Umziehen. Im Schwimmbad waren wir fasziniert davon, dass wir, wenn wir tauchten, wunderbar die Popos der schwimmenden Mädchen bewundern konnten. Nur montags hat es nicht so viel Spaß gemacht, da war Reha-Sport.

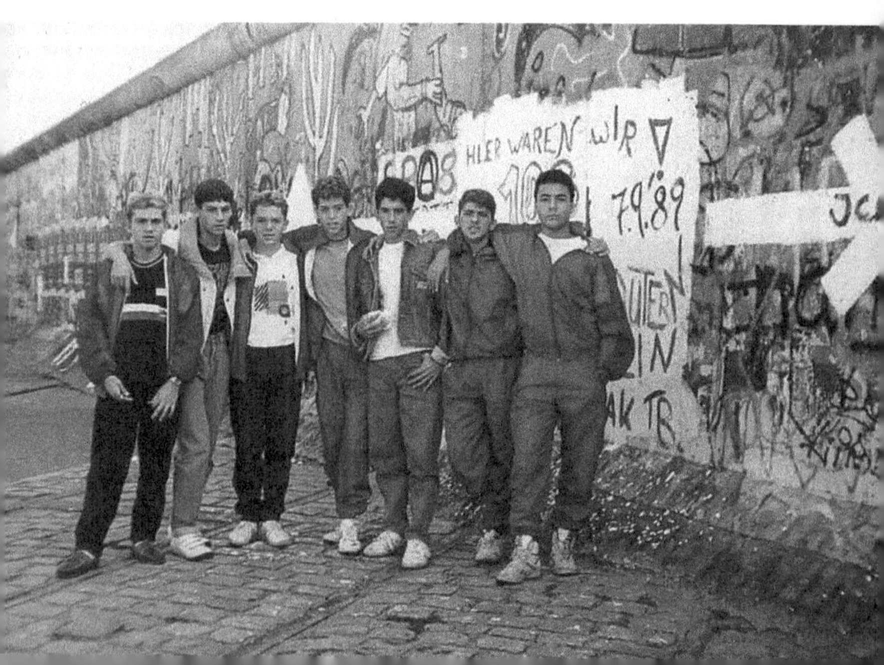

So war ich aber nur anderen Mädchen gegenüber drauf, wenn es um meine eigenen Schwestern ging, war ich wesentlich strenger …

Also, ich versuchte wenigstens, ein Macho zu sein. Aber mein erster Versuch, mich wie ein Macho zu benehmen, ging gründlich daneben. Es war ein wunderschöner Sommertag und ich war mit meinem Kumpel Kerim draußen Fahrrad fahren. Natürlich machten wir ein Wettrennen und sehr wahrscheinlich hätte ich gewonnen, wenn nicht meine Schwester in einem Minirock aus dem Haus gekommen wäre. Ich schwöre, der Rock war so kurz, er hätte auch als Gürtel durchgehen können! Man konnte sogar ihre Knie sehen, beide, ganz deutlich! Ich wendete und peste mit einem Affenzahn auf Selda zu und schrie: »Allah, Allah, wie siehst du aus! So gehst du auf keinen Fall aus dem Haus! Zieh dir etwas an!« Anscheinend hatte ich sie erschreckt, denn sie schrak zusammen und schrie zurück: »Ich ziehe an, was ich will!« Gerade wollte sie ihren Weg fortsetzen, da packte ich sie und schubste sie zurück in Richtung Haus. »Du ziehst dir sofort ein längeres Kleid an oder, noch besser, eine Hose!« Mit einem Ruck hatte sie sich befreit und klatschte mir mit Schwung ins Gesicht: »Sag mal, hast du sie noch alle? Kümmere dich um deinen Scheiß und geh zurück in den Sandkasten, du hast mir überhaupt nichts zu sagen, du kleiner Nervzwerg!« Mit diesen Worten drehte sie sich um und wollte zu ihrer Verabredung. Zum Glück kam in dem Moment Baba mit seinem Mercedes um die Ecke gefahren und ich schleuderte mein Fahrrad in die Ecke und rannte auf ihn zu: »Baba, guck mal, wie Selda angezogen ist! So darf sie sich doch nicht mit Freunden treffen!«

Baba stieg aus und schloss die Autotür, sah zu Selda, die kopfschüttelnd mit verschränkten Armen auf dem Gehweg stand, und dann zu mir, der ich mit hochrotem Kopf wild gestikulierte.

»Mein Sohn, was soll das? Das ist meine Tochter, du hast gar nichts zu sagen!«

Aha, Baba wollte auch Machosein üben! Aber ich konnte das besser: Da wollte meine Schwester halb nackt losgehen und unsere gesamte Familie blamieren, ach, was sag ich, in den Schmutz ziehen und Baba machte nichts dagegen? Oder vielleicht doch? Empört fragte ich: »Und? Darf sie so gehen?«

Er ging gar nicht darauf ein: »Die Mädchen können alles machen, was sie wollen. Und du, hast du schon Hausaufgaben gemacht?«

»Es sind Sommerferien, Baba«, antwortete ich kleinlaut und sah aus dem Augenwinkel, wie sich Selda triumphierend entfernte. War wohl nichts mit Machosein, wenn einen nicht einmal der Vater dabei unterstützt.

Meine Eltern hatten genug Geld verdient, dass wir es uns alle gut gehen lassen konnten. Mein Vater arbeitete aber dennoch weiter. Und natürlich weiterhin nur er, meine Mutter nicht. Es war für ihren Mann wichtig, dass er der Ernährer war, die Frau sollte sich um Haushalt und Kinder kümmern, er war zwar kein Macho, aber in manchen Punkten eben doch konservativ.

Meine Schwestern studierten schon in Izmir, Hülya Theaterwissenschaften und Schauspiel und Selda ausschließlich Schauspiel und ich, ich lebte in den Tag hinein. Ich hatte nämlich überhaupt keine Lust zu lernen. Das hätte ja Stillsitzen bedeutet. Viel lieber spielte ich Fußball, trainierte für Schwimmwettkämpfe, traf mich mit Freunden und genoss das Leben so sehr, dass meine Eltern – vor allem mein Vater – an mir verzweifelten: »Junge, wenn du dich nicht endlich auf deinen Hosenboden setzt und lernst und deine Noten endlich besser werden, musst du Sesamringe verkaufen!«, musste ich mir von ihm anhören, als ich wieder einmal mit einer Fünf nach Hause gekommen war.

Damals gingen arme Menschen, die keine anderen Einkünfte hatten, schon frühmorgens mit Dutzenden Sesamringen an Stöcken durch die Straßen, um sie den Menschen zum Frühstück zu verkaufen. Natürlich hatte ich Angst vor so einer Zukunft, aber andererseits konnte ich mir nicht vorstellen, dass mein Vater das wirklich ernst meinte. Und: Ich hatte absolut keine Lust zu lernen! Also lebte ich weiter vergnügt in den Tag hinein, bis mich mein Vater eines Tages, kurz nach meinem fünfzehnten Geburtstag, mitten in der Nacht weckte und sagte: »So, jetzt geht's los. Wir holen beim Bäcker frische Sesamringe und du verkaufst die dann!«

Was? Das konnte ja wohl nicht wahr sein! Völlig verpennt guckte ich auf die Uhr. Es war kurz vor fünf Uhr morgens und Baba stand in Mantel und Hut vor meinem Bett. »Raus mit dir! Zieh dir was an! Heute gehe ich noch einmal mit, ab morgen machst du das ohne mich!«

Er war wirklich ziemlich sauer und das kam selten vor. Also quälte ich mich mit klopfendem Herzen aus dem Bett, zog mich an und verließ ohne Frühstück unter dem Wehklagen meiner Mutter das Haus: »Der arme Junge! Er muss doch was essen! Sei nicht so grausam! Mein Baby, mein Liebling, mein Ein und Alles! Baba wird schon gleich ein Einsehen haben und dich wieder nach Hause bringen!« Natürlich waren von dem ganzen Geschrei auch meine Geschwister aufgewacht. Sie hatten Tränen in den Augen vor Entsetzen, da bin ich mir ganz sicher.

Anscheinend wusste der Bäcker schon Bescheid, denn als wir bei ihm ankamen, sagte Baba nur zu ihm: »So, das ist mein Junge! Hier hast du das Geld.« Er reichte ein Bündel Geldscheine über die Theke und wandte sich an mich: »Die Sesamringe sind bezahlt. Morgen fängst du an.« Ich war immer noch wie erstarrt vor Schreck und jetzt begann mir das Wasser in die Augen zu steigen. »Baba, bitte, ich möchte das nicht! Ich will keine Sesamringe verkaufen!«

»Das hättest du dir vorher überlegen sollen!«

»Bitte, bitte nicht! Ich verspreche, ich lerne ab jetzt, ich bin fleißig, mache meine Hausaufgaben und bereite mich auf den Unterricht vor – aber bitte sag, dass ich nicht morgen früh zum Bäcker muss und Sesamringe verkaufen!«, flehte ich meinen Vater an.

»Dafür ist es zu spät. Deine Mutter und ich bitten und flehen schon seit Monaten, ach, was sag ich, seit Jahren, dass du endlich lernen sollst. Und nichts passiert, gar nichts! Jetzt musst du eben die Konsequenzen daraus tragen!«

Weinend und schluchzend redete ich auf ihn ein, bat und bettelte, bis er, zu Hause angekommen, seufzte: »Na gut. Dann rufe ich beim Bäcker an, dass du erst mal doch nicht kommst. Aber wehe, du bist weiterhin so faul! Dann gebe ich nicht noch einmal nach.«

Mir fiel ein Felsbrocken vom Herzen, ich dankte meinem Vater und versprach, ab jetzt auf jeden Fall fleißig zu lernen. Er hatte mir einen solch gehörigen Schrecken eingejagt, dass ich dieses Versprechen hielt und die Schule mit einem sehr guten Abschluss beendete.

Dafür musste ich mir ganz schön Mühe geben und mich wirklich, wirklich auf meinen Hosenboden setzen. Das war gar nicht so einfach, denn schließlich musste ich auch hart für die Schwimmwettkämpfe trainieren. Für wichtige Wettbewerbe trainierten wir ein ganzes Jahr. Und ich war so gut, dass ich sogar in die türkische Nationalmannschaft kam. Mein Trainer hatte recht behalten. Meine Zeiten in 200 Meter Schmetterling waren legendär, aber sie fallen mir gerade nicht ein.

Ja, ich war sehr fleißig und es leuchtet wohl jedem ein, dass ich nach der Schule unbedingt auf die Sporthochschule wollte, nebst Umzug ins Studentenwohnheim, natürlich. Und sie haben mich dort gerne genommen, was ja kein Wunder ist: sehr niedliches Kind, Foto im Kölner EXPRESS, Nationalschwimmer – ja, ihr seht schon, wohin die Reise geht! Nach oben!

Nebenjob: Animateur

An der Sporthochschule gefiel es mir gut, wenn ich mich bewegen durfte. Die Theoriestunden waren allerdings sehr, sehr langweilig. Also machte ich nur das, was mir am Studieren gefiel, und dazu gehörte auch mein Studentenjob als Animateur in Clubs. Viele kennen das aus ihrem Cluburlaub: Ich machte Wassergymnastik mit den Touristen, wir spielten Volleyball und natürlich gab es auch witzige Mitmachspiele. Sehr witzige. Oder ist es etwa nicht superlustig, wenn zwei Leute auf Surfbrettern im Pool stehen und versuchen, sich gegenseitig mit einem Paddel herunterzustoßen? Oder wenn erwachsene Menschen mit Tennisballröhren nach Tennisbällen hechten, um mehr zu fangen als das andere Team? Beim Bingo konnten die Urlauber eine Fahrt mit dem Jetski gewinnen oder Tickets für die Disco in Bodrum. An diesen Gewinnen merkt man schon, ich habe Jung und Alt bespaßt. Ja, es hat mir Freude gemacht, ich kam gut mit den Leuten zurecht und vor allem die Damen waren immer im Glück, wenn ich etwas mit ihnen unternahm. Und sei es nur, dass wir zusammen abends nach getaner Arbeit (für mich) einen Cocktail tranken und sie mir erklärten, wie ein Urlaub für sie auszusehen hatte.

Es machten natürlich besonders viele Deutsche bei uns Urlaub, aber leider hatte ich kaum Erinnerung an meine Zeit in Deutschland, ich war einfach noch zu klein gewesen. Aber mein Vater hatte immer geschwärmt von den freundlichen und fröhlichen Menschen aus Deutschland, vor allem aus Köln, sodass ich mich immer auf sie gefreut habe. Den Wortschatz, den ich als Animateur brauchte, schaffte ich mir schnell drauf. Wie ich meinen Job als Animateur überhaupt gefunden habe? Na, so:

> Hab ich vor Club Robinson ein Schild gesehen: »Animateur gesucht«. Ich gehe hin: »Hallo, ich bin Serhat. Ich bin Amateur.«
> »Sie meinen Animateur?«
> »Ja, das auch.«
> »Haben Sie denn irgendwelche Erfahrungen als Animateur?«
> »Nein.«
> »Oder sonst wie in der Gastronomie?«
> »Nein.«
> »Haben Sie eine pädagogische Ausbildung?«
> »Nein.«
> »Sind Sie denn kontaktfreudig?«
> »Nein.«
> »Und sprechen Sie Deutsch oder Englisch oder andere Fremdsprachen?«
> »Nein.«
> »Können Sie IRGENDWAS?«
> »Nein.«
> »Vertragen Sie Alkohol?«
> »Ja.«
> »Perfekt. Sie haben den Job.«

Es gab viel Gutes an dem Job als Animateur. Zum einen natürlich, dass ich Geld verdient habe und dass das Geldverdienen Spaß gemacht hat. Und da zu arbeiten, wo andere Urlaub machten, war toll! Zum anderen konnte ich auch in derselben Hotelanlage schön wohnen, wo ich gearbeitet habe, konnte also aus dem Studenten-

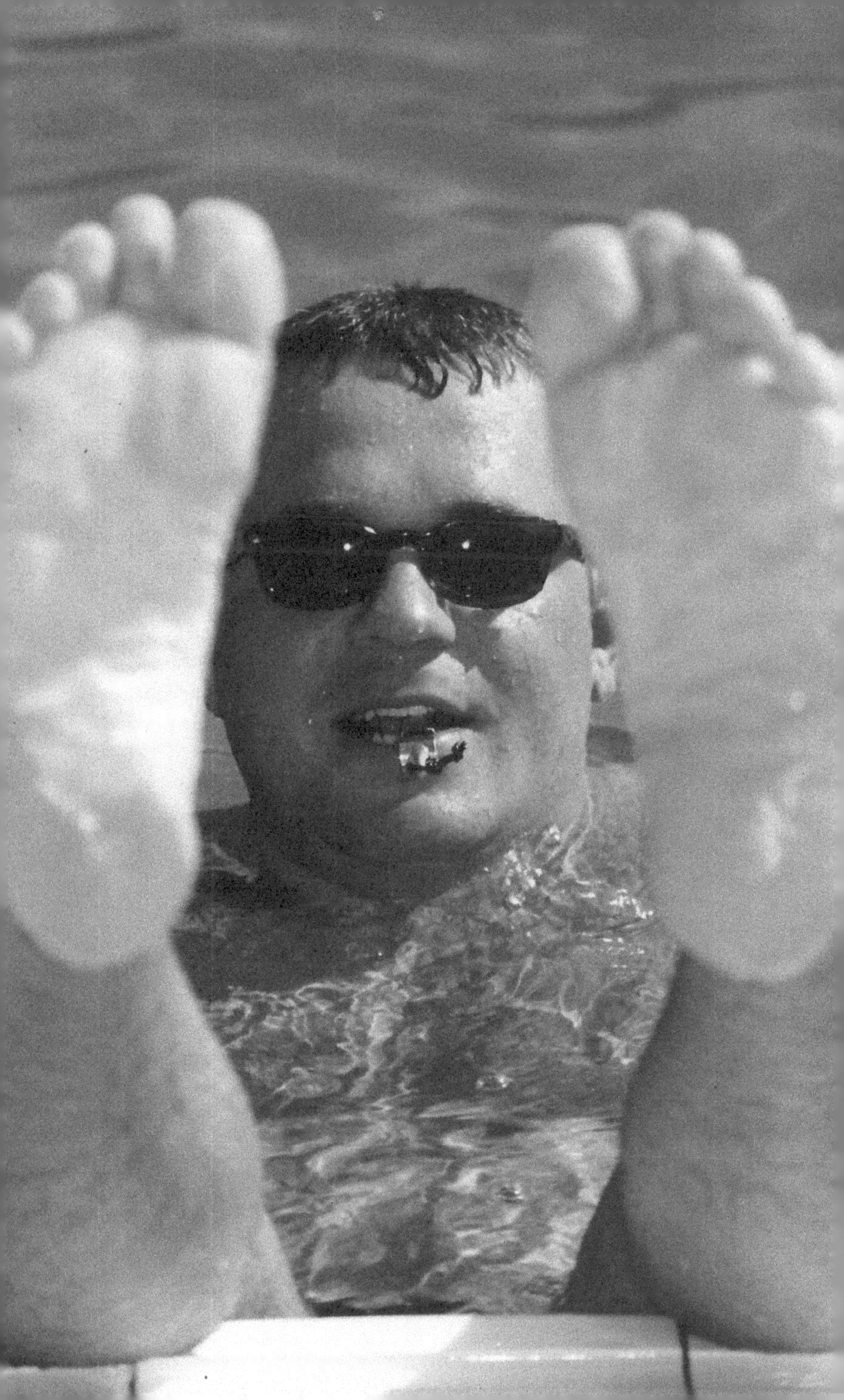

wohnheim ausziehen und hatte einen extrem kurzen Weg zur Arbeit und konnte fast jeden Tag ausschlafen. An der Uni war ich dadurch zwar immer seltener und auch für das Schwimmen hatte ich immer weniger Zeit und hängte das Nationalteam schlussendlich an den Nagel, aber so habe ich eben für das Leben sehr viel gelernt. Ist das nicht sogar viel wichtiger? Es war eine sehr entspannte Zeit, wir machten viel Sport mit den Gästen, die jungen Damen waren in Urlaubsstimmung und bereit für einen kleinen Flirt mit uns Einheimischen. Es passte alles sehr gut zusammen in meinem damaligen Leben. Sonne, Mädels, Drinks und Sport.

An meinem ersten Arbeitstag war ich topfit, super vorbereitet. Ich bin früh aufgestanden, um mir den Sonnenaufgang anzugucken ... komme aus dem Bungalow und ... ÜBERALL DEUTSCHE!

Ich war 20 Jahre alt. Und ich habe gedacht: Deutsche im Urlaub ... das ist komisch.
Zum Beispiel: Wenn wir Türken Urlaub machen, legen wir uns erst mal in den Schatten und pennen, dann schwimmen wir ein bisschen im Meer, dann legen wir uns wieder hin und pennen, dann essen wir was und dann ... legen wir uns wieder pennen.

Und am nächsten Tag genau dasselbe. So war das früher überall bei uns. Aber dann seid ihr Deutschen gekommen.
Und auf einmal wurde Urlaub machen voll kompliziert. Jetzt gab's plötzlich Sport und Gymna-

stik und Kurse: »T-Shirt-Häkeln bei Vollmond« und »Unter-Wasser-Trompete-Spielen für Asthmakranke«.
Ja, das machen Deutsche gern. Sie waren überall: beim Tennisspielen, beim Yoga, bei Gymnastik, am Klettergerüst. Alle trainierten und schwitzten!

Ich hab schon gedacht, die Sonne kommt jetzt gar nicht mehr, die sagt total beleidigt: »Okay, die schwitzen hier auch ohne mich. – Tja, dann bin ich ja wohl überflüssig. Vielen Dank auch!«

Ehrlich: Wie kann man SO früh aufstehen wie Deutsche im Urlaub? Und dann sofort loslegen? Das können wir Türken gar nicht verstehen.
Zum Beispiel so ein Satz wie »Seit 5 Uhr 45 wird zurückgeschossen«, der wär' bei uns unmöglich. Bei uns würde es heißen: »Seit Mittag wird zurückgeschossen. Oder frühem Nachmittag ... Vielleicht auch erst seit Abend. Ey, mach kein Stress, Alter.«

Ich bin dann zu einer Seniorengruppe, mit der sollte ich Gymnastik machen. Ich hab die erste Übung vorgemacht, gaanz langsame Kniebeugen im Ausfallschritt, und die machen die Übung, als wäre der Teufel hinter ihnen her.

Ich hab dann gedacht: »Allah, Allah – 7 Uhr morgens und die sind schon auf Ecstasy!

Wenn wir so weitermachen, kriegt in einer halben Stunde der Erste einen Schwächeanfall.«
Und ich hab natürlich recht gehabt: Eine halbe Stunde später hatte ICH einen Schwächeanfall. Aber die deutschen Senioren haben cool reagiert. Die meinten, ich hätte ganz schön lange durchgehalten – na ja, hat jedenfalls die Omi gesagt, die mich wiederbelebt hat.
Sie meinte auch, sie würde gern noch ein bisschen bei mir bleiben ... aber dann hätt' sie den Triathlon verpasst.

Und das ging immer so weiter. Beim Tennis zum Beispiel. Auf dem Platz neben mir hat immer ein Paar gespielt, das hatte den Platz von 12 bis 14 Uhr gebucht. Jeden Tag. Und dann wurde auch von 12 bis 14 Uhr gespielt. 40 Grad im Schatten – egal.
Der Typ fasst sich ans Herz und sagt: »Okay, Liebling, ich denke, das ist jetzt ein Herzinfarkt. Aber wir haben den Platz noch für 17 Minuten ... Das ziehen wir durch. Den Notarzt schieben wir dann zwischen Wellenreiten und Bergwanderung.«

Ich muss sagen, wir Türken sind total beeindruckt, wie die Deutschen Urlaub machen. Die türkische Armee zum Beispiel geht nicht mehr in Trainingscamps. Die buchen jetzt drei Monate Cluburlaub. Danach sind die härter als die Navy Seals.

Und so was brauchen die auch dringend … Der letzte Türke, der einen Krieg gewonnen hat, war Sultan Mehmet. 1453.

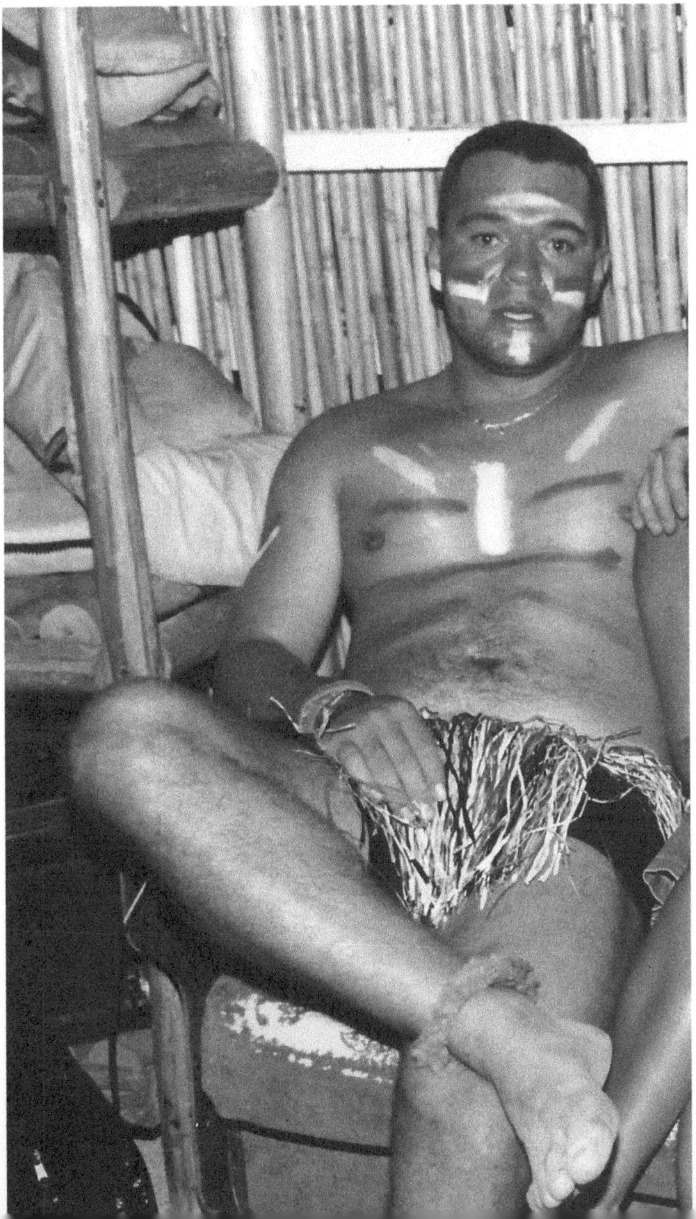

Romantik auf Türkisch

Frauen stehen auf durchtrainierte Typen. Das habe ich in meinem Job als Animateur natürlich sehr schnell gemerkt. Schon als Fünfzehnjähriger hatte ich angefangen, mich für das andere Geschlecht zu interessieren. Sämtliche Mädchen waren heiß auf mich und ich mochte sie auch, ging gerne tanzen und feiern. Vielleicht mögen mich die Frauen auch so gern, weil ich eben nicht so ein Machotürke bin (danke, Vater!). Ich bin ja eigentlich sehr schüchtern. Trotzdem war ich natürlich wählerisch. Und immer wieder, wenn es wieder mal aus war mit einer Freundin, rief sie meine Mutter an und heulte sich bei ihr aus. Und Anne war dann sehr böse mit mir und rief mich wieder an und brüllte: »Was machst du mit dem Mädchen? Du warst nur ein halbes Jahr, drei Tage und sieben Stunden mit ihr zusammen! Hoffentlich hast du dich wenigstens in der Zeit anständig benommen! Du gehst jetzt sofort zu ihr und entschuldigst dich!« Huch, ein halbes Jahr? So lange? Das war mir nicht klar gewesen. »Zum Glück ist das vorbei. Anne, darf ich dir Sabine vorstellen?« Ich fand, Mütter sollten sich da nicht einmischen.

Ja, eine Weile war ich auch mit einer Deutschen zusammen, Sabine, die in einem Wellnessresort als Yogalehrerin arbeitete.

Als ich mit ihr zusammen war, hatte ich ein Lieblingswort: WARUM?
In der Türkei gibt es die Frage auch. Aber wir haben nur vier Antworten:

Erstens: »Woher soll ich das wissen? – Frag Mama.«
Zweitens: »Woher soll ich das wissen? – Frag Papa.«
Drittens: »Woher soll ich das wissen? – Nur Allah weiß, warum!«
Und viertens: »Frag nisch so blöd!«
Das passt eigentlich immer.
»Papa, warum klingt türkisches Fernsehen immer so, als ob der Lautsprecher kaputt ist?«
»Frag nisch so blöd!«
»Mama, warum ist auf unserer Fahne der Mond, obwohl die Touristen doch nur für die Sonne kommen?«
»Frag nisch so blöd.«

Aber in Deutschland – egal, was ein Kind fragt – geben sich die Erwachsenen immer sehr viel Mühe. Als ich noch mit Sabine zusammen war, kam ihre Nichte zu Besuch, vier Jahre alt. Die so: »Sabine, warum ist die Banane krumm?«
»Nun, die Bananen wachsen zunächst in Richtung Boden. Aber dann fallen die Deckblätter ab. Danach wachsen sie in Richtung Sonne – also nach oben. Die krumme Form kommt also vom Richtungswechsel.«

Ich dachte: Na toll, jetzt weiß ein vierjähriges Mädchen, warum Bananen krumm sind, und ich muss im Wörterbuch gucken, was »Richtungswechsel« heißt.

Dann wurde es kompliziert:
»Sabine, warum fallen die Deckblätter ab? Und warum wachsen die Bananen dann Richtung Sonne?«
Egal, was das Kind gefragt hat, Sabine hat immer geantwortet. Etwa eine Stunde später habe ich gedacht: Okay, die Deutschen mögen es, wenn man Fragen stellt, also mache ich das jetzt auch mal:
»Sabine, haben wir heute noch Sex oder soll ich besser gehen?«
Jetzt hat mich Sabine böse angeguckt. Den Blick kannte ich von meiner Mutter. Er sagte: »Frag nisch so blöd.«
Dann aber fragte das Kind: »Sabine, was ist Sex?«
Jetzt war ich sehr gespannt, was Sabine sagt.
Aber Sabine hatte auch dafür einen guten Satz: »Sex ist etwas, das Serhat heute alleine machen muss.«

Dann bin ich nach Hause gegangen und habe ... nein, ich hatte keinen Sex. Ich habe im Wörterbuch nachgeguckt, was »Richtungswechsel« heißt. Bis dahin kannte ich nur »Stellungswechsel«. Kann man sich aber leicht merken:
Richtungswechsel – Banane.
Stellungswechsel – Gurke.

Militär

Haben wir da nicht etwas vergessen? War da nicht außer lernen und arbeiten noch etwas Unangenehmes? Ja genau. Der Militärdienst. Ich hatte noch etwas Galgenfrist, bis ich mit dem Studium fertig war. Damals musste man in der Türkei in höchstens sieben Jahren mit dem Studium fertig werden, sonst wurde man exmatrikuliert.

Weil ich also noch »studierte«, wurde mein kleiner Bruder Ferhat nach seinem Abschluss als Ernährungswissenschaftler vor mir eingezogen, er sollte nach Anatolien an die Grenze. Ich beneidete ihn nicht darum. Alles, was mit Gewalt und Krieg zu tun hatte, war mir vollkommen fremd.

Und als er nach einem Monat Kriegsdienst zum Heimaturlaub zurückkam, war er nicht mehr derselbe. Sein Haar war weiß geworden, er war völlig traumatisiert. Es war für die ganze Familie schrecklich anzusehen. Dabei war mein Vater vorher noch so stolz gewesen, dass sein Sohn die Türkei, sein Vaterland, verteidigte. Mein Bruder war zwar nicht die ganze Zeit selbst direkt »an der Front«; weil er hervorragend Englisch sprach, saß er im Büro nahe der Grenze zum Irak und erledigte Telefon- und Schreibarbeiten. Dort bekam er aber von seinen Kollegen mit, wie an der Grenze gekämpft wurde, wie Menschen starben und zu Invaliden geschossen wurden. Er war für diesen Job absolut ungeeignet.

Dazu kam, dass er den Osten der Türkei bis dahin noch nie gesehen hatte und angesichts der Armut und des starken sozialen Gefälles zum Westen, aus dem wir alle stammen, ganz verzweifelt war. Wie konnte es sein, dass es innerhalb eines Landes eine solche

Kluft, zwei so unterschiedliche Lebensstandards gab? Ihm hatte es nie an etwas gemangelt in der Großstadt Izmir und jetzt gab es dort im Osten plötzlich so viel Armut, mangelhafte Hygiene und raue Sitten um ihn herum, dass er nur sehr schlecht damit zurechtkam. Die Leute hatten gar nichts, es gab keinen Strom und kein Wasser. Ihr müsst euch das so vorstellen, als müsstet ihr in Bitterfeld leben.

Ich wusste, dass das bald auch auf mich zukommen könnte. Mein Bruder riet mir zu versuchen, irgendwie um den Militärdienst herumzukommen. Nicht zuletzt auch deshalb, weil ich so einen Dickkopf hatte (und habe) und mir sehr ungern etwas sagen lasse. Und beim Militär bekommt man einiges gesagt, ließ er mich wissen. Mir war es auch sehr viel lieber, für mein Vaterland zu schwimmen als zu schießen. Und das hatte ich ja schon ausreichend gemacht.

Ich bin ein friedliebender Mensch, möchte am liebsten meine Ruhe und kann niemandem etwas zuleide tun. Mit einer Waffe in der Hand auf andere Menschen loszugehen, kann ich mir überhaupt nicht vorstellen. Das Bild alleine machte und macht mir große Angst. Egal, wer Schuld hat, kein Mensch hat das Recht, einen anderen zu erschießen.

Wieso müssen sich Länder überhaupt bekriegen? Wieso kann man nicht einfach alles besprechen? Ich wollte auf keinen Fall an irgendeinem Konflikt beteiligt sein und schon gar nicht an einem bewaffneten! Schon in der Schule habe ich mich nicht gerne geprügelt und wenn ich mal jemanden geschubst habe, dann nur ganz leicht und nur weil er doof zu einem Mädchen war. Und jetzt sollte ausgerechnet ich für mein Land kämpfen, das hatte ich doch schon im Schwimmbecken getan! Sollten das doch die ganzen Typen, die Panzer und Maschinengewehre und Haubitzen toll fanden, ich mochte Tee und Karten spielen und schwimmen und Mädchen! Und miteinander reden, man kann doch über alles reden und Kompromisse finden!

Und dann war es so weit: Die Sporthochschule warf mich nach sieben Jahren ohne Abschluss raus – wie um alles in der Welt soll man auch studieren, wenn man nebenbei feiert, schwimmt und arbeitet? Da beneidete ich euch Deutsche schon ein wenig. Ihr wurdet zu der Zeit nicht rausgeschmissen aus der Hochschule, ihr starbt einfach irgendwann an Altersschwäche mitten in der Vorlesung. In der Türkei hatte man nicht wie in Deutschland 30, 40 Semester Zeit, bevor man den Taxischein machte. Man musste sich beeilen.

Ich hatte nicht lange Leerlauf: Kurz nachdem die Sporthochschule mich entlassen hatte, sollte ich eine neue Aufgabe bekommen. Ich weiß es noch, als wäre es gestern gewesen: Nach ein paar Monaten Arbeit als Animateur in Bodrum (aka Bedroom) kam ich eines Tages fröhlich nach Hause. Meine Mutter sagte, während sie gerade den Abwasch machte: »Serhat, da ist ein Brief für dich gekommen.« Sie hatte ihn schon auf meinen Platz am Esstisch gelegt. Oh, dachte ich, etwas Offizielles. Schon beim Öffnen hatte ich ein ungutes Gefühl. Und das war auch vollkommen richtig so: Es war der Einberufungsbescheid!

»Scheiße!«, fluchte ich so laut, dass meine Mutter angelaufen kam: »Was ist denn, mein Goldschätzchen?«, fragte sie ängstlich und ich erklärte es ihr. Da drückte sie meinen Kopf an ihre Brust und fing an zu wehklagen. Und wer schon einmal eine türkische Mutter klagen gehört hat, weiß, dass man das schon aus der Ferne nicht gerne hört und direkt an Mamas Busen erst recht nicht.

»Was ist los?«, fragte mein Vater, als er abends von der Arbeit nach Hause kam.

»Sie wollen jetzt auch unseren zweiten Sohn! Allah, Allah!«, rief ihm meine Mutter zu. Mein Vater zuckte nur mit den Schultern und zog die Augenbrauen hoch.

Wir beratschlagten nun zu dritt, was zu tun war. Ich entnahm dem Brief, dass ich zunächst als Fahrer ausgebildet werden sollte, um dann an der Grenze zum Irak meinen Dienst zu leisten. Furchtbare Angst befiel mich. Noch mal: Ich war und bin ein friedliebender Mensch und konnte mir beim besten Willen nicht vorstellen, mit einer Waffe in der Hand auf irgendwas zu schießen, geschweige denn auf Menschen! Selbst nur zu Übungszwecken hätte ich nicht schießen wollen, aber das würde keine Übung werden! Ich liebte doch mein Leben, meine Familie, meine Freunde, nichts war mir so fern wie zu kämpfen, anderen wehzutun oder Schlimmeres, es war einfach völlig unvorstellbar für mich, bei diesem Scheißspiel mitzumachen.

Leider hatte ich aber absolut keine Ahnung, wie ich da rauskommen sollte. Bis dahin hatte ich die drohende Gefahr immer gut verdrängen können, die Sonne schien, die Mädchen waren fröhlich und leicht bekleidet und die Cocktails lecker. Plötzlich geriet das alles völlig in den Hintergrund. Es musste doch irgendeine Lösung geben, wie ich dem entkommen konnte! In der Türkei gibt es keine Möglichkeit, den Militärdienst zu verweigern. Ich flehte meinen Vater an, irgendetwas zu tun. »Baba, mach doch was! Ich möchte das nicht!«

»Ich bin stolz auf dich, mein Sohn, du kämpfst für dein Vaterland!«, war seine Antwort.

Ich konnte es nicht fassen: »Lass uns dahingehen und den Leuten sagen, dass ich das nicht kann, dass du nicht möchtest, dass ich kämpfe, bitte, Baba, ich bitte dich!« Täglich flehte ich ihn an, irgendetwas zu unternehmen.

Er überlegte. Lange. Endlich, nach ein paar Tagen, kam er und sagte mir: »Gut, mein Sohn, wir gehen zum Wehramt und versuchen, dich da rauszuholen. Aber ich glaube nicht, dass es geht. Und ich finde, du kannst ruhig für dein Vaterland kämpfen.«

Ich war durcheinander und dennoch dankbar – mein Vater verstand mich nicht und trotzdem begleitete er mich zum Wehramt.

Es war ein sonniger Tag, aber ich sah die Sonne nicht. Mir war schlecht und ich riss mich nur zusammen, weil Baba an meiner Seite war. Wie sehr hoffte ich, dass ich noch einmal davonkommen würde!

Baba war nicht sehr hilfreich. »Ich denke nicht, dass du eine Chance hast. Im Gegenteil, ich glaube, die behalten dich gleich da«, machte er mir »Mut«.

Aber als wir in der Behörde waren und den Raum betraten und Baba die Männer in ihren Uniformen sah, geschah etwas Seltsames: Er fing urplötzlich an, bitterlich zu weinen, und fiel auf die Knie: »Bitte, bitte, nehmt mir nicht diesen Sohn auch noch, ihr habt schon einen Sohn von mir, ich brauche meinen Sohn, bis mein anderer Sohn zurückkommt!« Das war die einzige Möglichkeit für mich. Die türkische Armee nimmt selten zwei Jungs gleichzeitig von einer Familie.

Und was soll ich sagen: Einen weinenden Mann konnten selbst die Leute vom Militär schlecht aushalten. Sie gaben mir noch etwas Aufschub und versprachen, dass ich erst ein halbes Jahr später, als mein Bruder zurück war, eingezogen würde. Draußen vor der Tür fragte ich meinen Vater, was denn los gewesen sei. Er sei verzweifelt gewesen, als er plötzlich die Uniformen gesehen hatte. Aber: »Es war nicht deinetwegen, es war wegen deinem Bruder«, ließ er mich wissen. Aha. Egal. Hauptsache, ein Aufschub.

Doch die Zeit verging schnell.

Hochzeitspläne

Es war Mai 2003 und meine älteste Schwester Hülya war mit ihrem Lebensgefährten für einen Monat zu Besuch bei uns in Izmir. Moritz hat schon viel für lustige Fernsehsendungen geschrieben, macht selbst Comedy und hat Bestseller geschrieben. Ich mochte den lustigen Typen. Hülya hatte in der Türkei Theaterwissenschaften und Schauspiel studiert, war dann 1995 nach Deutschland gezogen und hatte dort angefangen zu arbeiten. Als sie bei der Kölner »Stunksitzung« als Regisseurin gearbeitet hatte, hatte sie Moritz, von dem eine Menge Texte dafür stammten, kennen und lieben gelernt.

Als Hülya unserem Vater am Telefon erzählte, dass sie einen Deutschen liebt und sich vorstellen kann, ihn zu heiraten, fragte er nicht, ob Moritz beschnitten ist und ob er zum Islam übertreten möchte, sondern nur, ob sie glücklich ist. Und wenn sie glücklich sei, sei er es auch, ließ Baba sie wissen. Trotzdem sollte Moritz, wenn er sie heiraten wollte, um Erlaubnis fragen.

Ein paar Tage vor ihrem Heimflug fragte Moritz Hülya dann tatsächlich, ob sie seine Frau werden wollte. Und wie sie das wollte!

Ich freute mich auch sehr darüber, denn Moritz und ich hatten uns gleich von Anfang an sehr gut verstanden. Zum Zeichen, dass ich mich auf ihn als Schwager freute, wollte ich ihm ein Geschenk machen. Wir gingen zusammen an den Strand und er durfte sich dort bei einem Händler ein T-Shirt aussuchen. Er suchte sich ein original Adidas-T-Shirt aus. Erst als er es später anzog, merkten wir, es war sogar ein ganz besonderes originales T-Shirt! Nicht nur, dass

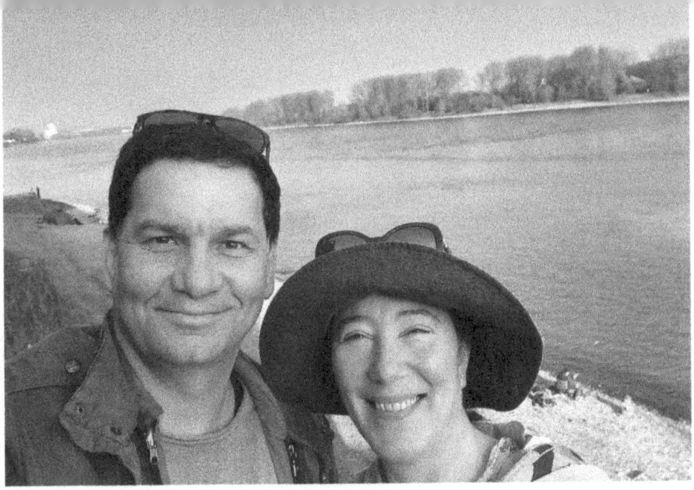

vorne drauf in der typischen Schrift sehr groß »ADIDAS« stand, nein, hinten drauf stand ebenso groß »PUMA«! Der Verkäufer gab sogar zwei Jahre Garantie, für jede Marke. Also vier Jahre. Es war also wirklich etwas ganz Besonderes und Moritz versicherte mir, dass er es oft tragen würde.

Mein Bruder und ich holten die beiden ab, um zu unseren Eltern zu fahren, wo Moritz um Hülyas Hand anhalten wollte. Ich saß mit Moritz vorne, Ferhat hinten mit Hülya. Während der Fahrt fragte Moritz, wie er meinen Vater auf Türkisch begrüßen konnte.

Natürlich wollte Moritz alles richtig machen, deshalb erklärte ich ihm, dass es in der Türkei bestimmte Regeln gab. Wenn ein Mann eine Frau heiraten wollte, so sollte er ihren Baba unbedingt mit »Merhaba Pezevenk« begrüßen. Ich schrieb ihm das sogar auf einen kleinen Zettel und ermahnte ihn, es unbedingt auswendig zu lernen.

Wir standen vor meinem Elternhaus, ich klingelte und Moritz wiederholte aufgeregt immer wieder leise für sich »Merhaba Pezevenk, merhaba Pezevenk, merhaba Pezevenk …«. Leider hörte Hülya das kurz vor der Tür und rief mit großen Augen entsetzt: »Moritz! Was sagst du da?« Er stotterte: »Merhaba Pezevenk! Ich wollte deinen Vater auf Türkisch begrüßen, das gehört sich doch so, hat Serhat gesagt!«

Hülya war sehr sauer: »Du sollst doch nicht zu Baba ›Hallo, Zuhälter‹ sagen! Serhat, du bist ein Idiot!«

»Ja, das weiß ich!«, antwortete ich, um mich anschließend totzulachen. In dieser kurzen Zeit hat mein Schwager meinen hervorragenden Humor kennengelernt.

Meine Schwester war aber noch klüger als ich: Sie hat Moritz beigebracht, wenn Baba die Türe öffnete, sollte er auf Türkisch sagen: »Dünyanin en iyi Futbol takımı Trabzonspor!« – Die beste Fußballmannschaft der Welt ist Trabzonspor.

Mein Vater öffnete also die Tür und Moritz platzte damit heraus: »Dünyanin en iyi takimi Trabzonspor!« Freudig verkündigte mein Vater: »Du bekommst meine Tochter!«

So einfach war das für ihn. Dennoch musste Moritz noch offiziell um Erlaubnis fragen, weil das so Tradition ist.

Wir waren im engsten Familienkreis, mit Onkeln, Tanten, Cousinen und Cousins nur etwa 40 Leute. Moritz hatte, wie es die Tradition verlangt, besondere Süßigkeiten und Blumen mitgebracht. Auch hatte er sich *den* türkischen Satz zurechtgelegt: »Allah'ın emri peygamberin kavli ile sizden kızınızı istiyorum.« (Ich will deine Tochter von dir mit dem Befehl Allahs und dem Wort des Propheten.)

Er übergab meinen Eltern Blumen und Schokolade und dann schoss es aus ihm heraus, als wollte er es möglichst schnell hinter sich haben: »Allah'ın emri peygamberin kavli ile sizden kızınızı istiyorum.«

Seine Aussprache war richtig gut. Und Baba erklärte: »Ich muss meine Tochter fragen«, dann wandte er sich an Hülya: »Möchtest du ihn heiraten?«

»Ja, Papa!«, lautete ihre freudige Antwort.

»Verdim, gitti.« – Ich gebe sie dir.

Nicht nur ich habe mich darüber gefreut, wir alle haben gejubelt und geklatscht und Sekt aufgemacht.

Und Baba war wirklich mehr als einverstanden. Freudig rief er aus: »Moritz, du siehst nicht nur aus wie ein Türke, mit deinem schwarzen Haar und den braunen Augen, du kommst mir auch schon vor wie ein Türke und ich bin froh über dich als Schwiegersohn!«

Moritz war die Erleichterung anzusehen, er küsste seine Braut, alle gratulierten und lachten, da hatte ich eine Idee: Ich rannte in die Küche, holte zwei Messer, ein großes und ein kleines, und zeigte sie Moritz mit ernster Miene: »So, Moritz, die erste Stufe hast du gut hinter dich gebracht – du hast um Erlaubnis gefragt und hast sie bekommen. Jetzt kommt die zweite Stufe: Welches Messer möchtest du nun für die Beschneidung, das große oder das kleine?« Außer Moritz haben sich alle totgelacht, er war ganz bleich.

Seitdem machen wir keine Witze mehr über Beschneidung und Fußball.

Am nächsten Tag feierten wir die Verlobung in einem Tennisclub. Mein Schwager in spe und meine Schwester hatten Ringe gekauft, die sollte unser Vater ihnen anstecken. Es war eine schöne Verlobungsfeier, aber ich war die ganze Zeit nicht so richtig bei der Sache. Immer wieder musste ich an meinen Einberufungsbescheid denken. Wer wusste denn schon, ob ich für die Hochzeit Urlaub bekommen würde? Und überhaupt, ich wollte nicht zum Militär!

Meine Schwester und ihr Verlobter wohnten in dem Hotel, in dem ich als Animateur gearbeitet habe. Dort sah Moritz mich zum ersten Mal auf der Bühne, als ich mit anderen Animateuren Sketche gespielt habe.

Zwei Tage später musste ich die beiden zum Flughafen bringen. Im Flughafengebäude schaute ich mich um und wurde ganz traurig. Ich wandte mich an Moritz und seufzte: »Guck mal, die dürfen alle einfach irgendwohin fliegen, wo sie hinwollen. Ich nicht, ich muss zum Militär.«

Moritz sagte nicht viel, aber ich merkte, wie ihn das beschäftigte.

Wie mir meine Schwester später erzählte, war Moritz sehr geschockt gewesen von dem, was ich ihm gesagt hatte. Er hatte seiner Verlobten mit Tränen in den Augen gestanden: »Ich kann Serhats Blick kaum ertragen. Wir müssen etwas tun.«

Als das Datum für die Hochzeit feststand, waren wir alle in freudiger Aufregung und auch ich wollte natürlich bei der Hochzeit dabei sein. Schon damals war es sehr schwer, aus der Türkei nach Deutschland zu reisen. Obschon ich als Animateur arbeitete, war ich ja nirgends fest angestellt und man hatte in der Türkei Angst, dass ich nicht mehr zurückkommen würde. Nicht ganz unbegründet, möchte ich meinen, hatte ich doch diesen entsetzlichen Einberufungsbescheid auf der Kommode und auf der Seele liegen. Mein designierter Schwager Moritz wurde immer unruhiger am Telefon, während Hülya übersetzte, was ich ihm erzählte, was für mich in nächster Zeit anstand. Urlaub in Bitterfeld.

Und er hatte eine Idee …

Lustig, lustig, nicht mehr da?

Als wir ein paar Tage später wieder telefonierten, erzählte meine Schwester, was Moritz sich hatte einfallen lassen: Er würde mir eine fünfminütige Comedynummer schreiben, die ich auf ihrer Hochzeit für sie als Geschenk spielen sollte. Er hatte sich also praktisch sein eigenes Hochzeitsgeschenk geschrieben. Er hatte mich ja als Animateur in dem Hotel gesehen und er glaubte fest daran, dass ich komisch sein konnte. Sie wollten versuchen, mir ein Visum »aus kulturellen Gründen« zu beschaffen. Ich sollte bei der Integration von Türken in Deutschland helfen, mit meiner Comedy für Kulturaustausch sorgen. Damals gab es hier nur wenige türkische Comedians, wie etwa Django Asül und Şinasi Dikmen (vom »Kabarett Knobi-Bonbon«). Moritz wollte versuchen, unter seinen Freunden auf dem Hochzeitsfest Fürsprecher für seine Idee zu finden. Wenn mich die – teilweise prominenten – Hochzeitsgäste gut fanden, würden wir versuchen, mich als türkischen Kulturexport für Deutschland zu gewinnen.

Um ehrlich zu sein, glaubte ich nicht daran, dass das klappen konnte. Comedy? Ich? Ich hatte damit wirklich überhaupt nichts am Hut, ich hatte nicht einmal einen Hut. Wie stellte er sich das vor? Meinte er das wirklich ernst? Wie sollte das bloß funktionieren? Aber ich hatte auch keine andere Idee. Und obwohl mir das alles in seiner Umsetzung sehr zweifelhaft vorkam, hielt ich mich doch an dem Strohhalm fest, der bedeuten konnte, ja unbedingt bedeuten musste, dass ich den Dienst an der Waffe nicht antreten musste.

Ich schrieb schon: So etwas wie »Kriegsdienstverweigerung« gibt es bis heute nicht in der Türkei. Im Gegenteil, es gilt dort immer noch das krude Männerbild, das schon den Jüngsten in der Schule eingetrichtert wird: der Militärdienst als »Schule der Männlichkeit«. Aussagen wie »Jeder Türke ist als Soldat geboren« und »Wer nicht beim Militär war, verdient keine Frau« entsprechen der Meinung von weiten Teilen der Bevölkerung. Da es aber sowieso praktisch unmöglich ist, dem als Mann zu entgehen, ist es auch egal. Nur eine einzige Möglichkeit gibt es: Wenn man drei Jahre im Ausland gelebt und immer noch den türkischen Pass hat, kann man sich mit Devisen freikaufen, indem man zwischen 5.000 und 10.000 Euro blecht. Aber das kam für mich nicht infrage, ich lebte in der Türkei und das war sehr viel Geld.

Mir war nur klar: Ich wollte dieser Bedrohung entkommen und das bedeutete, ich musste irgendwie aus der Türkei auswandern.

Es schien zumindest eine Chance darin zu liegen, Comedian zu werden, auch wenn ich keine Ahnung hatte, wie groß sie war. Comedy hatte nichts mit Sport zu tun, ich wusste nicht, ob ich besonders lustig war, und hatte mich auch nie großartig für Comedy oder Kabarett interessiert. Einzig das Vortragen vor einem (kleinen) Publikum war ich in gewisser Weise von meinen Animationsjobs gewöhnt und es machte mir nichts aus. Natürlich mochte ich türkische Kabarettisten wie Metin Akpınar und Zeki Alasya oder die Filmreihe *Hababam Sınıfı* mit dem großartigen Kemal Sunal, aber mir wäre nicht im Traum eingefallen, es ihnen einmal gleichtun zu wollen. Für mich war das ähnlich abwegig, wie zum Mond zu fliegen. Wobei, auch das hätte ich gerne gemacht, wenn es mich um den Militärdienst gebracht hätte.

Moritz schrieb mir also eine etwa fünfminütige, wahrscheinlich lustige Nummer. Mit der ich überhaupt nichts anfangen konnte, denn sie war auf Deutsch und meine Kenntnisse dieser Sprache reichten bei Weitem nicht aus, um das richtig zu verstehen. Ich sprach außer Türkisch keine andere Sprache. Also übersetzte mir meine Schwester am Telefon grob, worum es in der Nummer ging, konzentrierte sich aber darauf, mir die Aussprache beizubringen, denn die Zeit war knapp.

Außerdem mussten wir uns noch darum kümmern, die Behörden dazu zu bringen, mich überhaupt erst einmal zur Hochzeit reisen zu lassen. Denn man brauchte damals schon ein Visum, um auch nur für ein paar Tage aus der Türkei nach Deutschland zu reisen. Würde man mich reisen lassen? Ich glaubte nicht daran. Das war alles aussichtslos. Wozu sollte ich überhaupt zum deutschen Konsulat gehen? Sie würden mich auslachen und wegschicken. Es war zum Verzweifeln.

Meine kleine Schwester Ferda wollte auch zum Konsulat wegen der Hochzeit und sie sagte zu mir: »Komm mit. Probiere es doch wenigstens! Unsere Schwester heiratet! Das wird schon klappen!«

Sie konnte reden, wie sie wollte, ich glaubte nicht daran, dass es einen Sinn hatte, sie zu begleiten. Irgendwie schaffte sie es aber doch noch, mich umzustimmen, und ich kam, wenig hoffnungsvoll, mit.

Mit klopfendem Herzen trug ich meine Bitte der eigentlich ganz freundlich aussehenden Frau mit der halben Brille vor.

»Warum möchten Sie denn nach Deutschland?«, fragte sie und guckte mich mit schiefgelegtem Kopf dabei an.

»Meine Schwester heiratet. Da möchte ich gern dabei sein!«

»Ich verstehe, dass Sie mit Ihrer Schwester feiern wollen. Aber Sie haben keine feste Anstellung, keine Versicherung – woher wollen wir wissen, dass Sie nach der Hochzeit wirklich wieder zurückkommen?«

»Ich komme wieder.«

»Versprechen Sie mir das?«

»Ja, ich verspreche das. Ich kann nicht lügen. Wirklich nicht. Natürlich komme ich zurück. Außerdem habe ich eine Einladung vom türkischen Militär bekommen, ich muss ja wiederkommen«, versprach ich und sie gab mir das Visum, für genau drei Tage. Noch heute bin ich dieser Dame sehr, sehr dankbar. Sie war mein Engel, denn sie hat ermöglicht, dass alles so gekommen ist, wie es heute ist. Und ich bin ja auch zurückgekommen.

Die Hochzeit

Die Sonne schien, es war für April gar nicht so kalt, sodass wir auch draußen feiern konnten. Rund hundert Gäste aus Familie und Freunden versammelten sich in dem wunderschönen Schloss am Rande Kölns, wo Hülya und Moritz einen Festsaal nebst Terrasse gemietet hatten. Natürlich gab es Musik, es wurde getanzt, denn bei uns Türken tanzen ja auch die Männer gern und viel – nicht wie bei den Deutschen, wo Männer nur mit ihrem Bier im Klammergriff auf eins und drei mit dem Kopf nicken. Wir schlugen uns die Bäuche mit deutschen und türkischen Spezialitäten voll und freuten uns mit dem Hochzeitspaar.

Mein Text saß, obschon mir die genaue Bedeutung der einzelnen Sätze immer noch nicht ganz klar war. Aber wichtig war ja nur, dass ich die Nummer auswendig konnte. Wenn irgendjemand auf Deutsch etwas sagen oder fragen würde, würde ich erstens den Unterschied nicht verstehen und zweitens einfach weiterlächeln. Das war mein Plan. Von Aufregung oder Nervosität keine Spur, schließlich war mein Schwager ein erfolgreicher Fernseh- und Bestsellerautor und ich ein langjährig erprobter Animateur, außerdem hatte ich schon mit dem ein oder anderen Bierchen angestoßen.

Die anderen fanden es sehr komisch, dass ich in all dem Trubel, als es hieß »Mach dich bereit, es geht gleich los!«, aus Versehen statt meiner die Jacke von einem Gast angezogen hatte. Sie war zu eng und passte nicht zur Hose. Fast wäre der gesamte Zeitplan durcheinandergekommen, mein Schwager hatte nämlich in all der Aufregung die Tür zu dem Zimmer, in dem ich mir die fremde Jacke angezogen hatte, abgeschlossen. Meine Schwestern suchten eine halbe Stunde nach mir, weil in den 80er-Jahre-Sounds der Band mein empörtes Rufen und türkisches Fluchen ungehört verhallte.

Als sie mich endlich gefunden und befreit hatten, schlug Moritz mit einem Löffel an sein Sektglas: »Und nun, meine lieben Freunde, liebe Familie, haben wir eine Überraschung für euch: Mein lieber Schwager Serhat, der extra für unsere Hochzeit aus Izmir angereist ist, möchte etwas vortragen. Riesenapplaus für Serhat!«

Tatsächlich applaudierten mir alle Hochzeitsgäste frenetisch. Das kannte ich bis dahin noch nicht, in den Ferienclubs bekam ich manchmal am Ende meiner Animation Applaus, aber doch nicht, schon bevor ich überhaupt etwas geleistet hatte! Ich nahm noch einen Schluck Sekt und zog mir, während ich Richtung Bühne ging, noch mal meine Hose hoch und überprüfte, dass mein Hosenladen auch wirklich zu war. Jogging- und Badehosen hatten keinen Reißverschluss, der offenstehen konnte.

Kaum war ich auf dem kleinen Podest angelangt, verebbte der Applaus und ich begann aufzusagen, was ich gelernt hatte, machte Pausen, wo Moritz mir gesagt hatte, dass sie hingehörten, und guckte die Leute an, wenn ich sie angucken sollte.

Es war seltsam, dass so viel gelacht wurde, es gab Zwischenapplaus und anscheinend gefiel den Hochzeitsgästen ziemlich gut, was ich da tat, obschon ich nach wie vor nicht so genau wusste, was ich eigentlich erzählte.

Hallo, ich bin Serhat. Ich komme aus der Türkei, aber ich bin kein Macho. Deshalb bin ich nach Deutschland gekommen, denn ich habe gehört, deutsche Frauen lieben weiche Eier.
Tut mir leid, ich kann nicht Macho sein. Das ist Stress. Man muss immer Kontrolle haben. Du

> kannst nicht sagen: »Hallo, wie geht's? Ich freu mich!« Nein. Du musst sagen:

An der Stelle sollte ich dann cool und machohaft grüßen und so tun, als würde ich auf den Boden spucken.

> Ja, ihr lacht. Aber bald sind wir in der EU, dann müsst ihr das auch lernen.
> Oder wenn deine Freundin fragt: »Hat's dir geschmeckt, Schatz?« Du kannst nicht sagen: »Mmmmh, oooh lecker!« Nein. Ein Macho isst so:

Ich tat so, als würde ich sehr machohaft essen und rülpsen, was ganz gut ging, weil ich vorher ein paar Biere getrunken hatte. Eigentlich bin ich ja ein sehr höflicher Mensch … Der Text ging weiter:

> Sogar beim Sex. Du kannst dich nicht gehen lassen: »Ooooh ...«
> Nein, ein Macho hat immer Kontrolle.

Jetzt sollte ich einen verkrampften Orgasmus vormachen.

> Türkischer Orgasmus klingt wie Herbert Grönemeyer.

> Ja. Der größte Unterschied zwischen Türkei und Deutschland für mich: MÄNNER.
> Zum Beispiel: Ich war vor drei Jahren im Stadion – 1. FC Köln gegen Fenerbahce Istanbul. Nach zehn Minuten – Elfmeter für Fenerbahce.

Alle Deutschen: »Schiri, wir wissen, wo dein Auto steht!«
Nach 20 Minuten Elfmeter für Köln. Alle Türken: »Schiri, ich weiß, wo deine Mutter ist.«
Ja. Wenn du einem deutschen Mann wehtun willst – machst du Kratzer in sein Auto.
Wenn du einem türkischen Mann wehtun willst, nein, du machst keine Kratzer in seine Mutter: Du gehst mit ihr ins Bett!
Für deutsche Männer ist das nicht so schlimm. Die freuen sich: »Papa hat Mama sowieso verlassen, jetzt hat sie bisschen Sex, ist super für sie.«
Aber ohne Auto – kannst du einen deutschen Mann niemals provozieren!

In Istanbul brauchst du einen Mann nur in die Augen gucken – zack, hast du die Faust in der Fresse!
In Köln, wenn du einem Mann in die Augen guckst – hast du die Zunge in der Fresse.

Oder neulich, in der Disco – ich habe einen Mann angerempelt, der schlägt mich nicht, nein, der sagt: »Oh, 'tschuldigung!«
Ich war so überrascht. Hab ich gedacht: Okay, das ist Köln, der ist 100 Prozent schwul. Aber dann sehe ich: Er hat eine Freundin! War sehr hübsch. Er geht weg, ich flirte ein bisschen mit ihr. Dann kommt er wieder.
Ich denke: Okay, jetzt haut er mir in die Fresse.

Nein, er hat mir ein Kölsch mitgebracht!
Ich versteh das nicht. Wie habt ihr zwei Weltkriege angefangen???
Ich glaube, die anderen Länder haben eure Autos zerkratzt.

Die Leute haben gar nicht mehr aufgehört, zu klatschen und zu pfeifen. Man kann sagen: Ich kam wirklich sehr gut an. Anscheinend fanden die Gäste mich auch ganz sympathisch, jedenfalls holten sie mir danach ein Kölsch nach dem anderen, klopften mir auf die Schulter und sagten, was für einen tollen Schwager Moritz jetzt habe. Damit meinten sie mich.

Unter den Freunden und Bekannten des Brautpaares waren auch in Deutschland sehr prominente dabei, alle aus dem Fernseh- und Comedybereich. Mir sagten die Leute nichts, ich sah an dem Abend die meisten zum ersten Mal. Als Moritz ihnen erzählte, welches Schicksal mich in der Türkei erwartete, waren alle sofort dabei, als es hieß: Wir müssen Empfehlungsbriefe an die deutsche Botschaft schreiben, dass ich unbedingt für den deutsch-türkischen Kulturaustausch nach Deutschland kommen musste. Hella von Sinnen und Cornelia Scheel riefen sofort »Na klar!«, der Fernsehproduzent Marc Conrad ließ sich gleich Papier und Stift geben, Winni Rau vom Köln Comedy Festival ebenfalls, die Bundestagsabgeordnete Lale Akgün versicherte mir, dass sie sich darum kümmern würde, und Cordula Stratmann war auch gleich Feuer und Flamme.

»Du bist so lustig, du hast echt Talent, wir brauchen dich in Deutschland!«, übersetzte mir meine Schwester mehrfach und ich hoffte, dass es etwas bringen würde.

Zweifel

Noch ziemlich fertig saß ich drei Tage später im Flugzeug nach Izmir, schließlich musste ich erst einmal wieder zurück, ganz so, wie ich es der freundlichen Dame im deutschen Konsulat versprochen hatte. Mann, Mann, Mann, konnten die Deutschen feiern! Mit Tanz und Alkohol bis morgens früh. Das hätte ich nicht gedacht.

Schon vor meinem Auftritt hatte ich mir zwei, drei Bierchen genehmigt, denn ich war irgendwie schon ein bisschen aufgeregt gewesen, außerdem kannte ich das ja so von der Animation.

Mein Auftritt und die Reaktionen des Feierpublikums hatten mich ganz schön beflügelt, aber jetzt, wo der Weg zurück nach Izmir bevorstand, war ich mir wieder nicht mehr so sicher, ob das so klappen konnte, wie Moritz und Hülya sich das vorstellten. Hoffentlich würden die ganzen deutschen Fernsehstars wirklich an die Botschaft schreiben und hoffentlich würde das etwas bringen. Mein Schwager hatte inzwischen Kontakt zu einem Anwalt aufgenommen, der sich mit Ausländerrecht auskannte. Der hatte anscheinend richtig Spaß an der Sache, so etwas hatte er noch nicht erlebt. Niemand eigentlich.

Zu Hause in Izmir wuchsen meine Zweifel. Es war ein schönes Fest gewesen, ich hatte viele nette Leute getroffen und alle diese Leute hatten mir versprochen, dass sie sich für mich einsetzen würden – aber konnte ich mir sicher sein, dass das auch wirklich passieren würde? Und wenn sie es taten – würde es etwas nützen? Ich hatte Angst und wusste nicht, was ich noch dafür tun konnte, dass ich wirklich in Deutschland leben konnte. Der Termin von meiner

Einberufung rückte immer näher. Obwohl es ziemlich teuer war, telefonierte ich fast jeden Tag mit meiner Schwester und meinem Schwager, die mich immer wieder beruhigten und mir versicherten, dass unser Plan klappen würde.

Mit einer Mappe voller Dokumente, darunter der Antrag vom Anwalt und die Empfehlungsschreiben der deutschen Stars, ging ich zum deutschen Konsulat. Die Dame dort wunderte sich, als sie in die Mappe sah: »Sie kennen Cordula Stratmann?«, fragte sie überrascht.

»Ja, sie ist eine sehr nette Frau.«

Sie blätterte weiter: »Und Hella von Sinnen?«

»Oh ja, das ist eine wirklich lustige Frau und sie ist sehr nett!«

Die Dame vom Konsulat war beeindruckt. Hineingegangen war ich als armer Türke – hinaus ging ich als Star.

Nun hieß es abwarten. Als ich eines Abends von der Arbeit im Hotel zurückkam, klingelte mein Telefon. Es war Moritz: »Serhat, mein Bruder«, sagte er ganz langsam und deutlich. »Ich habe eine Idee! Ich schreibe noch ein weiteres Stück, für die ganze Familie. Und es ist klar, dass wir dich dafür brauchen. Wenn du hier bist, führen wir es auf und damit festigen wir deinen Aufenthaltsstatus in Deutschland.« Ich verstand nicht, was er sagte, und er gab mich an Hülya weiter, die alles übersetzte. Allah, was liebe ich diesen Mann! Er war und ist wirklich ein Bruder für mich. Wir türkischen Familien halten zusammen! Genau wie Moritz zu mir hält. Und schon immer zu mir gehalten hat. Was soll's, würde ich eben auch in einem Familienstück mitspielen! Wenn mein Schwager es schrieb, würde es gut werden. Und ich würde mein Bestes geben.

An das
Ausländeramt

Hella von Sinnen
Cornelia Scheel

Köln, den 6.1.2004

Sehr geehrte Damen und Herren,

wir haben Serhat Dogan im Ersten Kölner Wohnzimmertheater gesehen und können mit Freude berichten: der Mann trifft direkt in unser Komikzentrum. Er ist sehr professionell und wirklich sehr sehr lustig.

Da wir beide die Comedy-Branche seit Jahren von innen kennen, können wir Ihnen versichern: einen solchen Comedian gibt es in Deutschland definitiv nicht!

Wir sind überzeugt, dass seine Zusammenarbeit mit Moritz Netenjakob von reichem Erfolg gekrönt sein wird.

Mit freundlichen Grüßen,

Ich habe Herrn Serhat Dogan auf der Bühne gesehen und war begeistert. Diese Art der Komik kenne ich von meinen Kollegen nicht, da Herr Dogan die deutsch – türkische Thematik natürlich mit einer anderen Glaubwürdigkeit und Komik zum Ausdruck bringen kann, als es hierzulande gängig ist.
Als Kollegin und Komikerin würde ich mich freuen, Herrn Dogan demnächst auf Deutschen Bühnen sehen zu können.

Köln, 8.1.04

Dr. Lale Akgün
Mitglied des Deutschen Bundestages

Wahlkreis
Berrenrather Str. 185
50937 Köln
Tel: (0221) 29 78 97 49
Fax: (0221) 29 78 97 50
Email: lale.akguen@wk.bundestag.de

e Akgün, MdB · Berrenrather Str. 185 · 50937 Köln

at Doğan
nstadenstr. 24

74 Köln

Köln, den 27.03.2007

ehr geehrter Herr Dogan,

h habe Sie und Ihre Comedy in den vergangenen Monaten mehrmals auf der Bühne erleben ürfen und bin begeistert.

Die Art und Weise, wie Sie in Ihren Auftritten Themen aufgreifen und die Probleme und Lebenswirklichkeit junger türkischstämmiger Menschen erfassen, ist einzigartig.

Durch Ihre Art des gelungenen Humors schaffen Sie es immer wieder, Menschen den Spiegel vor Augen zu halten und bringen sie dazu, sich mit ihren Eigenheiten auseinanderzusetzen und zu beschäftigen, selbst bei Themen, bei denen die eher „trockene" Politik es schwer hat, an Menschen heranzukommen.

Sie leisten damit einer gelungenen Integration in unserem Land einen unschätzbaren Dienst. Ich wünsche Ihnen für die Zukunft und wünsche uns in Köln, dass Sie uns mit Ihrem Talent und Ihren Auftritten noch lange Zeit erfreuen.

Herzliche Grüße

Lale Akgün

NATIONALES Comedy FESTIVAL

Köln, den 5.1.2004

Serhat Dogan hat nach meiner Einschätzung sowohl in Köln als auch in ganz Deutschland größte Chancen, sich als Comedian zu etablieren. Seine Performance auf der Bühne ist einzigartig, sein Slapstick-Talent außergewöhnlich und seine Präsenz auf der Bühne eine seltene Gabe.

Ich arbeite schon lange mit Moritz Netenjakob zusammen und bin überzeugt, dass sein Fachwissen in Kombination mit der Person von Serhat Dogan zu einem wirtschaftlichen und künstlerischen Erfolg führen wird. Ich könnte Moritz Netenjakob niemanden in Deutschland nennen, mit dem er das Projekt „Von Machos und weichen Eiern" auch nur annähernd gleichwertig durchführen könnte.

Mit freundlichen Grüßen

Winni Rau

Künstlerischer Leiter
KÖLN COMEDY FESTIVAL

Witziges Visum

In den nächsten Wochen, in denen nichts geschah, verlor ich dennoch zusehends die Hoffnung, obwohl ich eigentlich ein sehr optimistischer Mensch bin. Es war zum Verzweifeln. Es war zwar eine schöne Idee von meinem Schwager gewesen, aber es würde wohl bei der Idee bleiben. Die Hochzeit war nun schon fast zwei Monate her. Ich schlief kaum noch und wurde mir immer sicherer, dass ich in der Türkei bleiben und die Einladung vom türkischen Militär würde annehmen müssen.

Nach einem anstrengenden Arbeitstag, der sehr lange gedauert hatte, weil ich Eva aus Mönchengladbach noch eine bestimmte Trinktechnik beibringen musste – und nicht nur die –, kam ich völlig fertig nach Hause, fiel angezogen auf mein Bett und schlief sofort ein. Zu der Zeit war ich an dieses Leben aber so gewöhnt, dass ich am anderen Morgen nach einer erfrischenden Dusche fröhlich pfeifend zum Bäcker hüpfte, mich darauf freuend, dass ich Monika aus Kiel heute Abend ein paar türkische Gebräuche würde erklären können. Davor aber hieß es frühstücken. Ich kaute gerade ein sehr großes Stück Knoblauchwurst, da klingelte mein Telefon. Ich hörte nur die Schreie von Moritz und Hülya: »Wir haben es geschafft, wir haben es geschafft!« Ich konnte es nicht glauben, es war so schön wie damals, als Fenerbahce die Champions League gewonnen hatte. Wir haben nur geheult, es war ein Wunder. Unser Anwalt hatte Moritz und Hülya angerufen und ihnen diese unfassbar tolle Nachricht schon mitgeteilt:

Ich bekäme ein Visum für Deutschland. Genauer gesagt: ein

Comedyvisum. Ich war der erste und einzige Mensch, der je ein Comedyvisum bekommen hat! Ein Visum, in dem ausdrücklich stand, dass ich in Deutschland ausschließlich von Comedy würde leben dürfen.

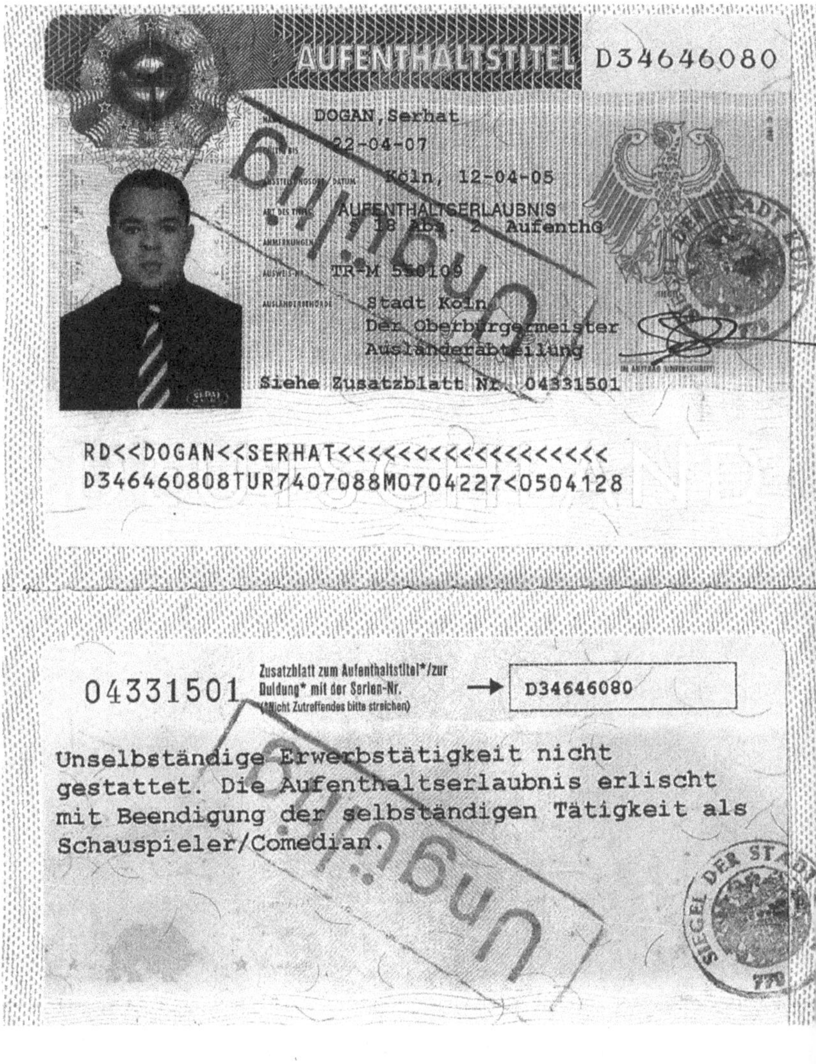

AUFENTHALTSTITEL D34646080

DOGAN,Serhat

22-04-07

Köln, 12-04-05

AUFENTHALTSERLAUBNIS

§ 18 Abs. 2 AufenthG

TR-M 550109

Stadt Köln
Der Oberbürgermeister
Ausländerabteilung

Siehe Zusatzblatt Nr. 04331501

RD<<DOGAN<<SERHAT<<<<<<<<<<<<<<<<<<<
D346460808TUR7407088M0704227<0504128

04331501 Zusatzblatt zum Aufenthaltstitel*/zur Duldung* mit der Serien-Nr. (*Nicht Zutreffendes bitte streichen) → D34646080

Unselbständige Erwerbstätigkeit nicht gestattet. Die Aufenthaltserlaubnis erlischt mit Beendigung der selbständigen Tätigkeit als Schauspieler/Comedian.

Ungültig

SIEGEL DER STADT

Man kann sich meine Freude nicht vorstellen! Es hatte geklappt! Ich musste keine Waffe in die Hand nehmen, ich konnte der bleiben, der ich war: ein friedlicher Mensch, der niemandem etwas Böses wollte. Das war der erste Schritt in ein Leben in Freiheit. Und wenn es bedeutete, dass ich ab jetzt Comedian war oder Komiker – es war mir egal, obschon ich nicht wusste, wie das gehen sollte, für mich zählte einfach nur: Ich hatte die Erlaubnis, in Deutschland zu leben! Erst einmal nur vorübergehend, aber schlagartig war ich mir ganz sicher, dass ich es schaffen würde. In Deutschland. Ich würde Comedian sein. Was auch immer das hieß. Ich würde alles daransetzen, davon leben zu können, und müsste nicht zum Militär.

Wieder da

Ich durfte, bis ich etwas Eigenes gefunden hatte, erst einmal bei meiner Schwester Hülya wohnen. Bald würde Ferhat auch nach Köln ziehen und auch Selda war ja schon da. Das war schön und vertraut, denn alles sonst war neu für mich. Ich war zu jung gewesen, als ich Deutschland verlassen hatte. Zusammen suchten wir für mich eine Wohnung. Es gab eine tolle Wohnung, die wir uns angucken wollten, im »Belgischen Viertel« von Köln. An einem Samstagnachmittag machten Hülya und ich uns auf den Weg dorthin. Sie sagte mir, wie sehr sie und Moritz sich freuten, dass ich nun bald in der Nähe wohnen würde, und dass sie mit mir zusammen die Wohnung einrichten wollte. Sie hatte auch noch ein paar Haushaltsgegenstände, die ich bestimmt brauchen konnte. Auf dem Weg zur U-Bahn lachten wir viel und erzählten uns, was wir alles zusammen unternehmen würden. Als wir unten am Gleis ankamen, stieg mir ein bestimmter Duft in die Nase. »Serhat, was ist los?«, fragte meine Schwester besorgt, weil ich schnüffelte wie ein kleiner Rauhaardackel. Mir stiegen Tränen in die Augen, weil plötzlich diese Erinnerung aus meiner Kindheit in mir erwachte. »Dieser Geruch!«, sagte ich.

»Welcher Geruch? Hat hier jemand hingepinkelt? Tja, daran wirst du dich gewöhnen müssen, leider pinkeln hier manchmal Männer, und ja, es sind wohl nur Männer wir Frauen können das ja gar nicht so gut, im Stehen pinkeln …« Ich unterbrach sie: »Nein, riechst du das nicht? Dieser typische U-Bahn-Geruch! Den kenne ich von früher!«

Nun hatte sie auch feuchte Augen. »Ach, du warst noch so klein, aber daran erinnerst du dich!« Sie nahm mich in den Arm und drückte mir einen dicken Kuss auf die Wange. »So ein niedliches Kind warst du! Und jetzt finden wir eine schöne Wohnung für dich!«

Tatsächlich gefiel uns die Wohnung im Belgischen Viertel sehr gut und schon wenige Tage nach der Besichtigung bekam ich die Zusage. Das Viertel – »Veedel«, wie ich schnell lernte – war zum Wohlfühlen, hier gab es Kneipen, kleine Geschäfte und Theater, es war gemütlich und die Menschen schienen freundlich.

Kölner Tagebuch

20. Februar, 15 Uhr 05: Fahre mit dem Zug nach Köln rein. Große Freude.

15 Uhr 10: Verdammt, falscher Zug.

Das hier ist Istanbul. Sehe nur türkische Menschen, türkische Restaurants, türkische Geschäfte.

15 Uhr 15: Schaffner beruhigt mich: Ist nicht Istanbul, ist Köln-Kalk.
Schaffner erzählt: Vor Kurzem wurde in Köln größte Moschee von Deutschland gebaut.

15 Uhr 30: Komme aus Bahnhof. Direkt vor mir zwei Riesentürme. Moschee ist also mitten in der Stadt – toll! Moslems sind in Köln super integriert!

Gehe auf Moschee zu. Von wegen neu! Sieht uralt aus. Ist sicher Pfusch von Billighandwerkern. Wahrscheinlich Griechen.

16 Uhr: Frage einen Kölner nach dem Weg zur Altstadt. Aber er ist besoffen. Kann nur noch lallen.

16 Uhr 30: Bin verzweifelt. Alle anderen Kölner, die ich frage, lallen auch.

17 Uhr: Menschen sind gar nicht besoffen. – Lallen ist ihre Sprache.

17 Uhr 30: Altstadt gefunden. Stehe vor Kölner Brauhaus. Super, ein Haus, wo Tee gebraut wird.

17 Uhr 40: Sitze im Brauhaus.
»Hallo, Kellner, ein Pfefferminztee.«
Kellner schaut mich böse an.
Ich merke sofort, ich hab Fehler gemacht. »Entschuldigung. Ein Pfefferminztee, BITTE.«
Kellner ist irritiert, sagt: »Bist du krank oder was?« – Nein, er hat das anders gesagt: »Liebelein, biste krank oder wat?«
Jetzt bin ICH irritiert. Der Kellner erklärt: »Liebelein, wir brauen hier nit Tee, sondern Bier. Un' dat Bier, dat heißt so wie unsere Stadt.«
Ich denke: Okay, hier ist ALTstadt …
Also sage ich: »Ein Alt, bitte.«

Kellner wird jetzt richtig wütend: »Isch bringe dir en Kölsch, dann fährste nach Düsseldorf, bis dahin isset alt.«

Ich verstehe gar nix mehr. Dann bringt der Kellner ein Bier, aber nur winziges Glas.
Ich sage ihm: »Danke, ich brauch kein Probeglas. Sie können mir ruhig ein ganzes Bier bringen.«
Kellner guckt böse und sagt:
»Ey, du Tünnes, du nimmst den Mund ja janz schön voll!«
Ich sage: »Würde ich ja gern. Aber dafür ist nicht genug im Glas.«

Köln, 21. Februar, 11 Uhr: Ich gehe zu meinem Auto.
Hurra, das wird meine erste Fahrt mit deutschem Führerschein.
Mein Auto ist nicht da. Lerne neues Wort: »ABGESCHLEPPT«.

11 Uhr 11: Frage Polizist, warum ist Auto abgeschleppt. Polizist besoffen und knutscht mit Giraffe.

Köln ist komisch. Direkt vor mir zieht riesige Militärparade durch die Straßen.
Soldaten tragen alle Uniformen aus der Zeit von Napoleon.

11 Uhr 30: Bin verwirrt. Alle sagen immer, deutsche Armee hat modernste Waffen und totale Disziplin.
Aber Soldaten in Köln sind anders: Sie tragen Holzgewehre und sind besoffen.

11 Uhr 40: Eine Gruppe Soldaten ist schwarz geschminkt und trägt Baströckchen. Wahrscheinlich Tarnung für Einsatz in Afrika. Aber ob der IS darauf reinfällt – ich weiß nicht.

11 Uhr 47: Der erste Panzer rollt ein. Ist auch komisch.
In der Türkei, oben auf Panzern sind Kanonen. In Köln, oben auf Panzern sind riesige Figuren aus Pappe. Wahrscheinlich zur Abschreckung. Und: Zug bewegt sich unglaublich langsam – wenn die deutsche Armee in Holland einmarschieren will, sind die nicht vor 2050 an der Grenze.
Die Soldaten auf den Panzern merken auch, dass sie zu lahm sind. Darum werfen sie Ballast ab – Blumen, Schokolade und Bonbons.
Wundere mich jetzt nicht mehr, dass Deutschland zwei Weltkriege verloren hat.

12 Uhr 10: Wenigstens deutsche Soldatinnen sind aggressiv: Ein Trupp Frauen kommt auf mich zu, sie brüllen: »Bütze, bütze!«
Ist wohl ihr Schlachtruf.

13 Uhr: Die letzten Panzer kommen. Mann neben mir sagt: Hier fährt eine Jungfrau mit. Interessant – soll wohl Gotteskrieger in eine Falle locken.

13 Uhr 05: Ich staune: Jungfrau hat Bierbauch und sieht aus wie Onkel Mustafa.
Wen will man täuschen mit so schlechter Tarnung?
Verliere endgültig Respekt vor deutscher Armee.

13 Uhr 10: Allerletzter Panzer kommt.
Darauf fährt ein Prinz. Komisch, ich hab gedacht, Deutschland ist Demokratie.
Prinz hat den größten Panzer.
Ich frage Mann neben mir: »Leopard 2«? Er sagt: »Nein, Hans-Gerd der Erste.«

Weil meine neue Wohnung zu groß und zu teuer war, wollte ich mir Mitbewohner suchen. Ein bisschen war ich ja das WG-Leben gewohnt, schließlich war ich in der Türkei anfangs auch im Studentenwohnheim gewesen. Außerdem fand ich die Vorstellung gut, nicht alleine zu wohnen. Auf die Weise würde ich auch schneller Deutsch lernen, zusätzlich zu dem Volkshochschulkurs, den ich gleich belegte. Es war mir wichtig, bald die Sprache sprechen zu können, von dem Land, in dem ich ab jetzt wohnen würde.

»Serhat, wenn du dir Mitbewohner suchst, dann auf jeden Fall Frauen!«, riet mir meine Schwester. Und das, obwohl sie mich ja kannte und wusste, dass ich sehr schüchtern bin! Ich konnte doch nicht einfach mit wildfremden Damen zusammenwohnen!

Aber sie erklärte mir: »Frauen sind viel ordentlicher als Männer! Such dir Studentinnen, die lernen die ganze Zeit und wenn sie gerade mal nicht lernen, sind sie ordentlicher. Typen hingegen schleppen immerzu irgendwelche Frauen an, bringen den Müll nicht runter, lassen alles stehen und liegen, sammeln Unmengen von Altglas, nicht nur in ihrem Zimmer – und sie brauchen ewig im Bad. Lass es dir gesagt sein: Frauen passen viel besser zu dir!«

Ich fand das zwar schon ein bisschen komisch, aber andererseits sind Frauen in der Türkei auch ordentlicher als Männer und müssen denen immer hinterherputzen. Außer mir, ich bin ja ein türkischer Hausmann. Aber dazu später mehr.

Hätte ich mal besser nicht auf meine Schwester gehört! Denn meine Mitbewohnerinnen waren überhaupt nicht ordentlich.

Im Gegenteil: Nur eine der beiden hat ab und zu mal geputzt, nämlich Mira, Charlotte überhaupt nicht. Mira und ich waren öfter sauer, weil sie alles stehen gelassen hat und wir ihren Müll wegräumen mussten und sie überhaupt nichts im Haushalt gemacht hat.

Aber davon abgesehen haben wir uns gut verstanden. Die beiden haben Sozialwissenschaften studiert, aber eigentlich hätten sie auch jedes beliebige andere Fach studieren können, sie waren sowieso nie an der Uni. Dafür haben sie ständig gefeiert bis morgens früh, obschon sie Frauen waren! Ich habe gelernt: Deutsche Mädchen und Frauen sind sehr speziell. Sie haben geraucht, Alkohol getrunken und ich bin mir sehr sicher, dass sie auch mit vielen unterschiedlichen Männern rumgemacht haben! Denn einige der Männer kamen dann zu unserem Haus und wollten sie wiedersehen.

Es geschah tatsächlich ziemlich oft, dass ein Mann klingelte und nach Mira oder Charlotte fragte, und dann riefen sie nach mir: »Ih, das ist dieser komische Felix/Bernd/Ralf/Andreas/Mustafa! Jaja, wir haben geknutscht, aber ich war auch total besoffen. Serhat, Hilfe! Tu doch was!« Und dann habe ich mit ganz tiefer Stimme erst ein paar türkische Flüche in die Gegensprechanlage gepöbelt und dann gebrüllt: »Was willst du von meiner Freundin? Verpiss dich oder ich komm runter!« Dann hatten die beiden Ruhe. Eigentlich wollten sie nämlich gar nichts von den Typen. Also, von den meisten jedenfalls.

Das bisschen Haushalt

Eines Tages gestand mir Charlotte beim Frühstück, das natürlich ich gemacht hatte, dass sie in meinen kleinen Bruder, Ferhat, verliebt war. Sie fand ihn »sehr süß«. Kein Türke möchte »süß« genannt werden! Aber das war noch nicht alles! Charlotte war nichts für ihn. Wirklich nicht. Allah, Allah, ich hätte Ferhat nie in die WG mitbringen sollen! Sie wollte ihn immer wiedersehen, aber ich fand, sie war wirklich kein guter Umgang für meinen Bruder, und sie kannten sich ja auch überhaupt nicht! Was für eine kindische Schwärmerei von Charlotte! Und Ferhat brauchte doch eine richtige Frau, eine nette, am besten türkische und eine, die, genau wie er, putzen und kochen konnte und das auch wirklich gerne machte! Aber Charlotte war ganz verrückt nach ihm und hat immer wieder gefragt, wann er denn mal wiederkommt, und ich habe immer darauf geachtet, dass sie in der Uni ist, wenn er mal bei uns vorbeigekommen ist. Und dann habe ich ihm zur Abschreckung ihr Zimmer gezeigt. Das sah da immer aus, nicht nur wie bei Hempels unterm Sofa, sondern wie bei Hempels in der Abstellkammer:

Die Klamottenberge türmten sich, volle Aschenbecher und halb leere Joghurtbecher standen rum und ständig hat sie Geschirr und sogar Töpfe aus der Küche mitgenommen und in ihrem Zimmer verschimmeln lassen.

Eines Tages hab ich mal wieder die ganze Wohnung gesaugt, weil es ja außer mir niemand gemacht hat. Da habe ich bei Charlotte neben leeren Weinflaschen und einem Topf mit eklig-grünem ehemaligem Kartoffelpüree auf dem Nachttisch einen Stabmixer gefunden, das muss man sich mal vorstellen! So unordentlich war die! Hatte die die Kartoffeln in ihrem Zimmer zerkleinert? Warum?

Ich bin schnell raus aus dem Zimmer und hab alles in die Küche gebracht und da sauber gemacht. Sollte sie sich doch in ihrem Zimmer eine Krankheit holen.

Abends kam sie nach Hause und dieses Mal hat es mir wirklich gereicht, ich war immer noch wütend, weil sie einfach alles mitnimmt und dann kaputtgehen lässt. Sie hatte noch ihre Jacke an, da hab ich sie zur Rede gestellt: »Hey, Charlotte, wir wollen hier doch alle zusammen in Frieden wohnen, da müssen wir schon Rücksicht aufeinander nehmen! Du kannst nicht immer alles zu dir nehmen und dann verrotten lassen auf deinem Müllberg. Warum hast du denn eigentlich den Mixer mitgenommen? Den brauchen Mira und ich vielleicht auch noch mal!«

Während sie aus der Jacke schlüpfte und die einfach auf den Küchenboden fallen ließ, guckte sie mich ganz verstört an, als würde sie überhaupt nichts kapieren, und fragte: »Hä? Welcher Mixer?« Als ich ihn ihr zeigte, fing sie plötzlich laut an zu lachen, total unverschämt, und sagte irgendwas, was ich in ihrem Glucksen und Schnauben nicht verstanden habe.

»Was sagst du?«

»Ich hab gesagt, das ist kein Pürierstab! Das ist ein Vibrator!«

»Was ist das? Ist das zum Braten?«

Sie hielt sich das Ding zwischen ihre Brüste und sagte: »Das macht Frauen Spaß! Wie eine Gurke! Kennst du so was ehrlich nicht? Gibt es das nicht in der Türkei?« Und sie wollte sich kaputtlachen. Was war das für eine Frau! Sie war echt nicht normal. Es war mir sehr, sehr peinlich und ich merkte, wie ich rot wurde, und wollte schnell in mein Zimmer gehen, da hielt sie mich zurück: »Ich liebe Ferhat. Wirklich. Aber bis ich ihn endlich haben kann, muss ich mir eben anders helfen.« Und dann nahm sie einen

Edding aus der Küchentischschublade und schrieb »FERHAT« auf dieses Gurkending! Allah, Allah, ich würde meinen Bruder NIE wieder zu uns einladen! Deutsche Frauen, sie sind schlimmer als türkische Männer. Das muss man sich mal vorstellen: In der Türkei wäre das absolut unmöglich, was diese Frauen machten! Es gibt eine so strenge Trennung zwischen den Geschlechtern, ein Türke würde nicht einmal mit seiner eigenen Frau in die Sauna gehen! Weil man da nackt ist. Habe ich gehört, ich selbst war noch nie da, dafür bin ich zu schüchtern.

Vielleicht wundert ihr euch, dass ich in meiner WG geputzt habe. Ich muss euch gestehen, dass es mir immer Spaß gemacht hat, aufzuräumen und den Haushalt zu machen. Sehr gerne koche ich und ich habe es auch gern sauber und ordentlich. Meine Hemden bügele selbstverständlich ich und auch alles andere mache ich gerne. Meine Mutter hat mich so erzogen, völlig untypisch für eine türkische Familie, aber die Mädchen bei uns wurden eher wie Jungen erzogen und wir Jungen hatten eher die damals typische Frauenrolle. Bei meiner Mutter habe ich kochen gelernt, schon als Jugendlicher habe ich gekocht für meine kleinen Geschwister. Wenn ich mit ihnen schwimmen war und wir kamen nach Hause, waren sie hungrig und wollten Nudeln haben. Da hat meine Mutter gesagt: »Koch du, Serhat, mein Schatz.« Und das hat mir Spaß gemacht. Ich habe geputzt, um mir etwas mehr Taschengeld zu verdienen, habe Unkraut gejätet im Garten und für die Schule meine Hemden gebügelt. Jetzt bin ich ein Profiputzmann! Und mir macht es heute noch Spaß. Die ganze Hausarbeit. Denn wenn ich staubsauge, weiß ich wenigstens, dass es wirklich gründlich gemacht wird.

In dieser Zeit fing ich auch an, ab und zu in kleinen Comedyclubs in Köln in Mixedshows und auf offenen Bühnen aufzutreten und mich auszuprobieren. Nicht sehr oft, denn ich hatte noch nicht viel

Material und ich war auch noch ziemlich unsicher mit der Sprache und musste mich erst einmal in dem neuen Land zurechtfinden. Immer nur in Köln zu sein, war aber auf Dauer auch etwas langweilig und als mir meine Mitbewohnerinnen Mira und Charlotte erzählten, dass Holland nicht weit weg war und sie gelegentlich dorthin fuhren, beschloss ich, Holland auch mal einen Besuch abzustatten:

Freitag, 16. Juni 2007, 10 Uhr: Will von Köln nach Holland. Habe gehört, es soll sehr schön sein, und dauert nur eine Stunde.

12 Uhr 10: Stehe seit zwei Stunden am Autobahnkreuz Köln-Nord.

13 Uhr 20: Komme Holland langsam näher. Bin jetzt in Köln-Chorweiler.

14 Uhr: Endlich auf A 57. Seltsam: Dauernd kommen mir Holländer entgegen.
Und alle haben ihr Haus ans Auto gehängt.
Ich denke: »Wenn Holland wirklich so schön ist, warum fahren die Holländer dann alle weg?! Mit ihrem Haus? Vielleicht ist Holland so klein, dass nicht alle Holländer gleichzeitig reinpassen?«

14 Uhr 10: Ich sehe Holländer mit Fahrrad auf dem Auto.
Er muss verrückt sein! Wozu braucht er Fahrrad? Er hat ein Auto!

15 Uhr 30: Endlich über die Grenze gefahren … also Grenze von Köln.

18 Uhr: Jetzt auch über die Grenze von Holland gefahren.
Ich denke: »Als Gott Berge gemacht hat, war Holland wohl gerade in Urlaub.«

19 Uhr 10: Ankunft in Amsterdam. Höre im Hotel einen Holländer reden.
Er hat schlimmen Husten und macht Geräusche, als würde er gleich sterben.
Dann merke ich: Das ist kein Husten, das ist Holländisch.

Samstag 17. Juni, 12 Uhr: Mache eine Bootstour. Der Touristenführer sagt: »In Amsterdam gibt es 88 Grachten.«
Auf Holländisch: *Achtentachtig Hrachten.*
Dann will er, dass wir nachsprechen. Für uns Türken kein Problem. Aber ein Tourist aus Frankreich muss mit blutendem Kehlkopf ins Krankenhaus.

13 Uhr 10: Ich unterhalte mich mit einem Holländer.
Er fragt mich: »Magst du Rembrandt?«
Ich sage: »Nein danke, ich trinke nur Kölsch.«
Mann fragt: »Kennst du van Gogh?«
Ich sage: »Ja klar. Das ist der Mittelstürmer von Ajax …?«

Ich lerne: Van Gogh ist nicht bei Ajax, er hängt im Museum.
Ich denke: »Allah, Allah! In der Türkei, wenn ein Fußballer seine Karriere beendet, dann wird er beerdigt. In Holland hängt man die Leiche ins Museum.«
Der Mann zeigt mir auf seinem Smartphone ein Selbstporträt von van Gogh. Sieht Scheiße aus, aber Fußballer können halt nicht malen.
Dann fragt er, was ich noch über Holland weiß.
Ich sage: »Nicht viel. Aber ich kenne ein holländisches Lied:
›Ohne Holland fahr'n wir zur WM! Ohne Holland fahr'n wir zur WM!‹«

13 Uhr 30: Holländer ist einfach aufgestanden und gegangen. Wahrscheinlich habe ich schief gesungen.

17 Uhr. Ich gehe in ein Café, Tee trinken.
Café ist ganz anders als in Türkei: Gäste sind alle gut drauf.
Ich setze mich an einen Tisch und schaue auf Getränkekarte.
Dort stehen viele Teesorten: Schwarzer Afghane. Grüner Afghane. Super Skunk ...
Ich bestelle eine Tasse Super Skunk.

17 Uhr 05: Kellner bringt einen Beutel mit grünen Blättern drin.

Ich sage: »Sie haben die Tasse mit heißem Wasser vergessen.«
Kellner schaut blöd, aber bringt Tasse.
Ich schütte die Blätter rein und trinke.
Jetzt schaut Kellner *noch* blöder.
Ich will noch mal trinken, da sagt Kellner:
»Moment, macht 50 Euro.«
Ich sage: »50 Euro für einen Tee??? Das soll wohl ein Scherz sein!«

17 Uhr 10: Ich glaube, war wirklich ein Scherz. Offenbar ein sehr guter. Denn seit fünf Minuten muss ich ständig lachen.

17 Uhr 11: Kellner will immer noch 50 Euro.
Hole mein Portemonnaie raus.
Komisch, alle Scheine sind plötzlich gelb. Und jetzt rosa. Und jetzt lila.

17 Uhr 12: Geld in Holland ist komisch:
50-Euro-Schein ist grün und steht »100 Euro« drauf. Gebe Kellner den Schein und sage: »Stimmt so.«
Jetzt müssen wir beide lachen.

17 Uhr 15: Tee schmeckt scheiße, aber ich bin super drauf. Fühle mich wie ein Vogel, der durchs Café fliegt. Und Licht ist plötzlich gelb. Und jetzt rosa. Und jetzt – wuuuuuuuuh!
Auch Zeit fühlt sich anders an, zehnmal so lange wie normal.

Das heißt, wenn ich jetzt Sex mit meiner Freundin hätte, würde sich anfühlen wie zehn Minuten. Klasse!

17 Uhr 20: Bekomme plötzlich großen Hunger.
Ich frage Kellner, ob er etwas zu essen hat.
Er bringt mir aber nur ein paar Kekse.
Ich esse alle auf einmal.

17 Uhr 25: Bin jetzt NOCH besser drauf.
Ich fühle mich nicht mehr wie Vogel, ich BIN Vogel.
Ich fliege zu meinem Nachbarn auf den Tisch, putze meine Federn und wetze meinen Schnabel an seiner Nase.
Ich muss lachen. Nachbar nicht.

17 Uhr 26: Nachbar hat mich vom Tisch geschubst. Er mag wohl keine Vögel.
Um mich zu beruhigen, bestelle ich ein Bier: »Herr Ober, ein Pils, bitte!«

17 Uhr 30: Kellner bringt Pils. Aber nicht ein Pils, viele Pilze …
Ich bekomme wieder Hunger und esse alle auf einmal.

21 Uhr: Ich wache im Bett auf, aber nicht im Hotelbett.
Neben mir steht Mann mit weißem Kittel und Bart. Sieht aus wie der Fußballer.

Ich sage: »Sie müssen van Gogh sein …«
Aber Mann sagt: »Nein. Ich bin Notarzt.«

23 Uhr: Ich bin wieder nüchtern. Als ich zum Hotel gehe, ich komme an Schaufenster vorbei. Im Fenster steht eine Puppe, ist sehr leicht bekleidet ...
Ich denke: »Ah, ein Geschäft für Unterwäsche.«

23 Uhr 01: Puppe hat sich bewegt!
Puppe spricht mit mir! Verdammt … ich bin immer noch auf Drogen!

23 Uhr 02: Puppe sagt: »Naaaa, französisch?«
Ich sage: »Nein, türkisch. Aber ich hab Visum für Deutschland.«
Sie runzelt die Stirn: »Du bist ja ein komischer Vogel.«

Sonntag, 13 Uhr: Fahre auf der A 57 zurück nach Köln. Sehe von ferne den Dom und muss fast weinen.

13 Uhr 15: Muss wirklich weinen. Wegen Durchsage im Radio: »Auf der A57 vor Köln 20 Kilometer Stau.«
Zum Glück habe ich mir noch ein paar Kekse mitgenommen.

Ich war froh, wieder zu Hause bei meinen komischen Mitbewohnerinnen zu sein. Ich bin gerne zu Hause, deshalb machte es mir noch nie etwas aus zu putzen. Auch heute nicht: Inzwischen bin ich so viel unterwegs von Show zu Show, dass ich es schön haben will, wenn ich wieder zu Hause bin. Ich bin eben wirklich kein Macho. Vielleicht mag ich deshalb meinen Schwager Moritz auch so gerne: Er ist Deutscher und schon allein deswegen kann er kein richtiger Macho sein. Aber er ist auch halber Türke und trotzdem kein Macho. Bei uns ist wirklich alles durcheinander.

Gerne erzählt meine Schwester die Geschichte, wie sie mit Moritz in der Türkei im Urlaub war. Sie waren am Strand in Foça und weil dort ein Marinestützpunkt ist, waren dort eine Menge junger Soldaten, die haben sie natürlich angeschaut, hübsch, wie sie ist. Und Hülya wollte schwimmen gehen und hat sich ihr Kleid ausgezogen, da haben die Typen noch mehr geglotzt. Und Moritz war das schon unangenehm und er merkte, dass ihr das auch richtig unangenehm war, aber er wusste überhaupt nicht, was er machen sollte, weil er eben kein Macho ist. Es ging etwa so:

»Komm, Schatz, lass uns anderswo hingehen, diese Typen glotzen dich so an, das gefällt mir nicht.«

»Allah, Allah, was soll ich da erst sagen? *Dir* gefällt es nicht? Was meinst du, ob *mir* das gefällt? Nein! Ich möchte in Ruhe baden gehen!«

»Ja, dann komm, gehen wir und suchen wir uns ein Stück Strand, wo niemand ist.«

»Nein! Du bist mein Mann, du musst mich verteidigen! Du musst denen klarmachen, dass ich zu dir gehöre und dass sie uns in Ruhe lassen sollen!«

Moritz guckte verstört in Richtung der Soldaten. »Ich? Aber das sind ja ganz schön viele und was soll ich da denn jetzt genau machen? Mich prügeln?«

»Ja, das wäre schon ziemlich gut, aber vielleicht kommen wir auch drumherum. Gucke sie doch einfach böse an!«

Und Moritz zog eine Augenbraue nach oben, streckte sein Kinn vor und siehe da – es klappte!

»Ich habe sie verjagt! Sie glotzen nicht mehr! Du kannst schwimmen gehen!«

Moritz konnte seine Autorität kaum fassen. Und Hülya gab ihm einen Kuss und sagte: »Danke, mein Held, du hast mich gerettet, mein Macho!«

Im selben Urlaub wollten sich die beiden ein Auto leihen. Hülya war unsicher: »Meinst du, du kommst in dem türkischen Verkehr zurecht?«, fragte sie, die selbst gar kein Auto fuhr.

»Na klar!« Moritz strotzte nach dem Augenbrauenerlebnis am Strand vor Selbstbewusstsein. »Ich bin doch auch in Italien gefahren, dann kann ich das hier auch!«

Also mieteten sie sich einen Toyota und Moritz setzte sich gut gelaunt ans Steuer. Und fuhr los. Aber seine gute Laune hielt nur bis zur nächsten Kreuzung: »Rechts? Die überholen rechts? Allah, Allah, und links gleichzeitig? Die nehmen mich in die Zange! Wie sind denn hier die Regeln? Sind die vollkommen anders als in Deutschland?«, rief er erschrocken.

»Regeln? Ich glaube nicht, dass es hier so viele Regeln gibt wie in Deutschland. Oder überhaupt welche. Aber du machst das toll!«, versuchte meine Schwester, ihren Mann aufzuheitern.

»Ohgottohgott«, kehrte er kurz zu seinen eigenen religiösen Wurzeln zurück, um sich dann wieder auf das Land zu besinnen, in dem er zu Gast war: »Allah, Allah, wie schnell darf ich hier denn? Wir sind doch in einer geschlossenen Ortschaft, oder nicht?«

»Was ist eine ›geschlossene Ortschaft‹, mein Schatz?«, fragte Hülya aufrichtig interessiert.

»Fünfzig darf man da! Aber doch nicht hundertfünfzig! Und

blinken tut hier auch keiner! Hilfe! Hoffentlich kommen wir heil an, inschallah!«

Nach drei Kilometern fuhr er schweißgebadet auf einen Parkplatz und stieg mit zitternden Knien aus. »Ich kann hier nicht fahren. Wir bringen irgendwie das Auto zurück oder rufen an, dass es jemand abholt. Die sind ja alle komplett irre.«

»Ich bin stolz auf dich, dass du es versucht hast! Und ja, wir können gut auch mit dem Bus oder dem Taxi fahren. Man merkt eben auch daran wie sie fahren, dass viele türkische Männer egoistische Machos sind. Und du eben nicht. Das liebe ich an dir!« Sie gab ihm einen Kuss.

So wie Moritz lernen musste, manchmal Macho zu sein, musste ich es auch. Oder nicht? Vielleicht ist es auch einfach gut, kein Macho zu sein und die Hausarbeit zusammen zu machen. Mir jedenfalls macht es nichts aus, zu spülen, zu kochen oder den Müll runterzubringen.

Deutschland ist wirklich sehr komisch für mich – zum Beispiel Müll: gelbe Tonne, blaue Tonne, braune Tonne, graue Tonne ...
In der Türkei gibt es nur eine Tonne, kommt alles rein: Papier, Plastik, Batterie, tote Katze, Oma, Atombombe – alles.
Aber in Deutschland – wow!
Mein Vater hat gesagt: »Eeeh – mein Sohn, wenn du in Deutschland leben willst – Religion ist egal, Sprache ist egal, Tradition ist egal. Aber wehe, du trennst nicht deinen Müll!«
Was macht man eigentlich in Deutschland mit Leuten, die Müll nicht trennen?
Wahrscheinlich Todesstrafe.

Also habe ich mir sofort vier Mülleimer gekauft und jeden Tag alles getrennt. Ich habe sogar die Joghurtbecher gewaschen.

Ich war sehr stolz und hab das unserem Hausmeister gezeigt: »Guck mal, wie ich den Müll trenne. Wenn ich so weitermache, werde ich irgendwann Bundeskanzler.«
Hausmeister hat gesagt: »Super, Serhat, aber weißt du, in unserem Haus gibt's einen, der schmeißt immer seinen Plastikmüll in die blaue Tonne. Seit Wochen.«
Ich war echt wütend. »Allah, Allah, so ein Arschloch! Aber mach dir keine Sorgen – ich finde dieses Arschloch!«

Ich habe tagelang aus dem Fenster die Mülltonnen beobachtet – nichts.
Dann habe ich drei Nächte nicht geschlafen und immer geguckt – nichts.
Wir haben dieses Arschloch nie gekriegt.

Drei Monate später kommt mein Nachbar zu mir: »Sag mal, Serhat – kann es sein, dass du türkischen Joghurt isst?«
»Ja.«
»Und kann es sein, dass du deinen Plastikmüll in die blaue Tonne wirfst?«
»Nein, echt, 100 Prozent, ich schwöre, ich werfe Plastik in die gelbe Tonne.«
»Serhat, welche Farbe hat die Sonne?«

»Was soll die Frage? Die Sonne ist natürlich blau.«

Ja, das Problem für uns Türken ist nicht der Wille. Das Problem ist die deutsche Sprache.

Meine Frau freut sich, dass wir uns den Haushalt teilen. Sie arbeitet hart und ich finde, wenn ich zu Hause bin, muss sie nicht auch noch den Haushalt machen.

Stopp. Wie, was? Oh, ich habe euch ja noch gar nicht von meiner Frau erzählt! Wie ich sie kennengelernt habe und alles das.

Frühling

Es war nicht so ganz einfach, mit mir zusammenzukommen. Erzählt meine Frau. Aber sie soll selbst berichten, wie es war, als sie noch nicht meine Frau war. Nämlich so:

Ich wollte nach Hause fliegen in die Türkei, zwei Wochen Urlaub machen, meine Eltern sehen, das schöne Wetter am Strand genießen, Freundinnen treffen. Direkt nach meinem Dienst, der bis abends ging, wollte ich losfliegen. Ich nahm also meinen Koffer und eine Reisetasche mit zur Arbeit. Es war viel los, ich bin Intensivschwester und es waren zu der Zeit viele Leute sehr krank, Schlaganfälle, Herzinfarkte, frisch operierte Krebspatienten und ein junger Mann, der einen Motorradunfall gehabt hatte. Deshalb hatte ich zwischendurch gar keine Zeit, mal auf mein Handy zu gucken. Als ich das dann doch in einer kleinen Verschnaufpause machte, in der ich kurz einen Kaffee trank, sah ich, dass mein Flug storniert worden war. Ich war umgebucht worden auf einen Flug ab Düsseldorf. Mist, dachte ich. Ah, nein, ich dachte »Hadibe!«, um genau zu sein. Gut, dann das auch noch. Ich musste nach der Arbeit direkt in den Zug nach Düsseldorf und konnte dann erst nach Izmir fliegen. Natürlich war ich sauer. Ich würde die Erholung wirklich brauchen!

Nach der Arbeit nahm ich mir ein Taxi zum Zug und war eine halbe Stunde später ziemlich abgekämpft am Flughafen. Zum Glück wollten nicht so viele Leute fliegen, sodass ich schnell durch die Sicherheitsschleuse war und am Gate noch einen sauteuren Tee trinken konnte.

Endlich im Flugzeug angekommen, versuchte ich, irgendwie mein schweres Handgepäck in die Ablage zu bekommen. Ein Mann, der auch türkisch aussah, half mir netterweise dabei. Sein Platz war neben meinem und wir unterhielten uns ein bisschen. Er stellte sich als Farid vor und erzählte, dass er eine Cocktailbar in Köln betreibt und dass ich doch mal dorthin kommen sollte, wenn ich Cocktails mochte. Weil ich ab und zu gerne mal einen trinke, merkte ich mir den Namen der Bar – Kokteyl *hieß sie – und versprach ihm, dass ich ihn mal besuchen würde.*

Es waren ein paar schöne Tage Urlaub, aber leider viel zu kurz. Bald landete ich wieder in Köln und es war viel zu tun bei der Arbeit. Erst ein paar Wochen später erinnerte ich mich an die Bar, als meine Kollegin Yasemin mich fragte, ob wir nach der Arbeit noch zusammen ausgehen wollten. Wir hatten beide am nächsten Tag frei, also schlug ich ihr das Kokteyl *vor.*

Es war eine sehr geschmackvoll eingerichtete Bar in der Südstadt, alles war in Blau und Weiß gehalten und obwohl das Licht angenehm gedimmt war, fiel mir sofort ein Mann auf, der da an der Bar saß. »Guck mal«, sagte ich zu Yasemin, »der sieht aber total nett aus, mit seinen blauen Augen, blonden Haaren und dem freundlichen Lächeln!« Yasemin zuckte mit den Schultern: »Mir ist ein Türke lieber!«, antwortete sie und zeigte auf den Barkeeper, der dunkle Augen und schwarzes Haar hatte. Ich hingegen fand den Blonden interessanter. Yasemin und ich tranken ein, zwei Cocktails und unterhielten uns über die Arbeit und ich erfuhr vom Barkeeper, dass sein Chef, meine Flugzeugbekanntschaft Farid, heute nicht da war. Es war ein schöner Abend, auch wenn meine Versuche, mit dem Hübschen Blickkontakt zu bekommen, fehlschlugen.

Irgendwie ging mir der Typ nicht aus dem Kopf. Er hatte etwas sehr Ruhiges an sich und sah ein bisschen traurig aus. Er schien ganz anders als die meisten Türken zu sein, die ich kannte. Und dass er

Türke sein musste, hatte ich mitbekommen, als er sich mit dem Barkeeper unterhalten hatte. Das war alleine schon toll: Ein blonder Türke mit blauen Augen! Ich musste ihn wiedersehen, also ging ich das nächste Mal alleine etwas trinken ins Kokteyl, *das war sowieso besser, vielleicht kam ich ohne Freundin mit ihm ins Gespräch. Und tatsächlich saß er wieder am selben Platz und trank einen Planter's Punch. Und dieses Mal war auch Farid da und als der Blonde sich mit ihm unterhielt, gesellte ich mich dazu, in der Hoffnung, mit ihm ins Gespräch zu kommen. Farid stellte uns einander vor, aber Serhat nickte nur kurz in meine Richtung und schien sich nicht weiter für mich zu interessieren. Na toll! War er arrogant? Oder schwul? Was war los? Ich wechselte noch ein paar Worte mit Farid, da kam eine Gruppe junger Türken und quatschte mich an. Sie bestellten mir noch einen Cocktail und wir hatten Spaß, scherzten und lachten miteinander. Es war ein lustiger Abend, aber ich wollte eigentlich lieber mit Serhat reden. Der schien sich aber überhaupt nicht für mich zu interessieren.*

Nicht nur Männer sind Jäger. Mein Stolz und meine Neugier ließen mich nicht in Ruhe. Ich wollte diesen Mann erobern. Also war ich nun, genau wie er, Stammgast im Kokteyl. *Zwar war ich oft sehr müde nach der Arbeit oder hatte Spätschicht und konnte erst gegen Mitternacht dort sein, aber meistens schaute ich wenigstens auf ein Getränk dort vorbei. Und er war auch fast immer da. Serhat und ich nickten uns immerhin zu, aber Spaß und interessante Gespräche hatte ich nur mit anderen Typen, die mich reihenweise anquatschten. Es war zum Mäusemelken!*

Eigentlich kann ich mich ziemlich gut wehren, wenn mich jemand blöd anmacht, aber eines Abends war ich sehr müde, bestellte mir einen Tee und dann kam dieser ältere Mann und quatschte mich doof an. »Bist du öfter hier, du süße Maus?«, fragte er. Boah, »süße Maus«! Was für ein Idiot! Ich drehte mich weg und wandte mich meinem Tee zu. Das hat ihn aber nicht abgehalten, mich weiter anzulabern. Immer wieder hat er mich gefragt, ob ich mit ihm tanze, er wurde richtig aufdringlich. Es war wirklich widerlich! Da hörte ich eine Stimme, die auf Türkisch zu mir sagte: »Ich glaube, du brauchst Hilfe!«

Serhat setzte sich neben mich und sagte: »Jetzt brauchst du dir keine Sorgen mehr zu machen, er wird dich nicht mehr stören, weil er denkt, du bist mit mir hier.« Was für ein Gentleman! Ich wollte ihn auf ein Getränk einladen, aber das ließ sein Stolz nicht zu. Er gab mir einen Cocktail aus auf den Schreck!

Aber auch wenn wir uns an diesem Abend noch richtig gut unterhalten haben, sogar Telefonnummern ausgetauscht haben, schien Serhat nicht auf meine Flirtversuche einzugehen. Was war nur mit diesem Typen los? Alle Männer in der Bar lächelten mich an, viele versuchten, mit mir ins Gespräch zu kommen, aber ausgerechnet für den einzigen, der mich interessierte, schien ich vollkommen uninteressant zu sein. Es war zum Mäusemelken! Nachts, wenn er nach Hause ging, begleitete ich ihn oft, redete auf ihn ein, dass ich gerne ein Date mit ihm hätte, dass ich gerne einmal mit ihm einen Kaffee trinken würde oder spazieren gehen, aber er sagte immer, er hätte keine Zeit, und ging nicht darauf ein.

Ja, so war es wohl aus der Sicht von Bahar. Bahar heißt »Frühling« und das passt zu ihr, denn sie ist der schönste Frühling, den ich je erlebt habe. Sie ist wirklich eine tolle Frau. Ich bin froh, dass sie mir damals so auf den Wecker gegangen ist, sie hat wirklich um mich gekämpft, das finde ich großartig. Ich kann erklären, warum ich, als wir uns kennengelernt haben, keine Beziehung wollte: Ich war neu in Deutschland, habe nicht viel Geld verdient als Comedian und ich wollte meiner Frau doch etwas bieten! Genau wie damals mein Baba. Meine Karriere fing ja gerade erst an, ich musste mich zurechtfinden in Köln und es war mir einfach zu viel, mich an jemanden zu binden, auch wenn sie mir da schon gefallen hat. Sie hat mich ein halbes Jahr beackert, ist mir richtiggehend hinterhergelaufen, hat mir viel von sich und ihrer Arbeit erzählt und sie und ihre Beharrlichkeit haben mir sehr imponiert. Also habe ich mich eines Abends doch mit ihr zum Essen verabredet und wir haben ohne Ende gequatscht, über die Türkei, über Deutschland, über unsere Leben – es war toll. Da haben wir uns auch zum ersten Mal geküsst und ich wusste: Diese Frau möchte ich behalten. Ich bin Bahar so dankbar, dass sie nicht aufgegeben hat.

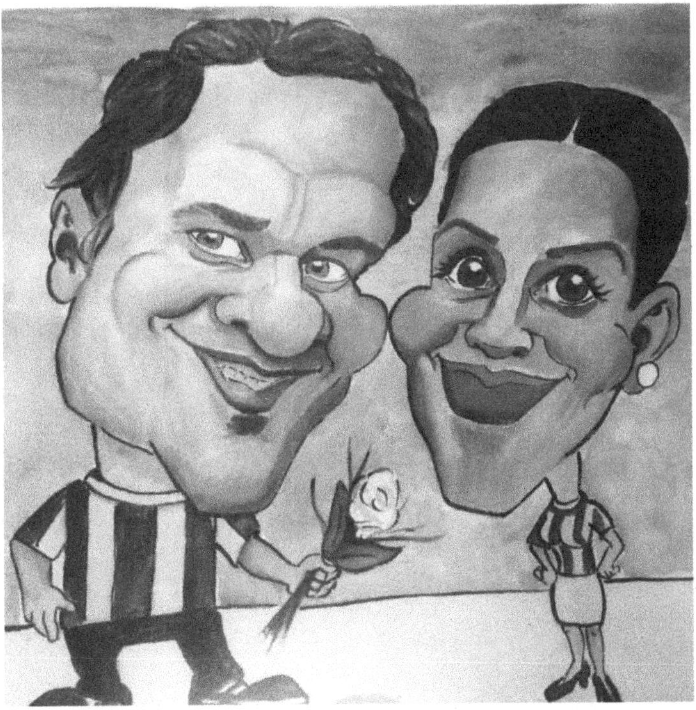

Unterschiede passen gut

Wir waren schon ein paar Monate zusammen, als mir Bahar mitteilte, sie müsse mir etwas Wichtiges sagen. Ich grübelte, was das sein konnte. Allah, Allah, war sie verheiratet, hatte sie Kinder – oder mochte sie am Ende etwa keinen Knoblauch? Ich fing an, mir alles in den schlimmsten Farben auszumalen.

Um in Ruhe zu sprechen, lud sie mich in ein sehr schönes Restaurant ein. Es wäre sicherlich richtig romantisch gewesen, wenn ich nicht so gespannt gewesen wäre, was sie mir Wichtiges zu sagen hatte. Nach dem Essen nahm sie meine Hände, guckte mich sehr ernst an und sagte: »Ich bin Alevitin.« Obschon ich überhaupt nicht wusste, was das bedeutete, erwiderte ich: »Mir ist das ganz egal, ich liebe dich!«

Aber im Inneren war ich aufgewühlt und geschockt. Jetzt hatte ich endlich so eine tolle Frau gefunden, und dann das! Eine Alevitin! Ich hatte wirklich keine Ahnung, was das war. Aber sie guckte so, dass ich ganz erschrocken war und krampfhaft überlegte: War das eine Verbrecherorganisation? Ihre Blicke kann ich bis heute nicht vergessen. Was sollte ich nur tun?

»Also schön!«, sagte ich und lenkte das Gespräch schnell auf ein anderes Thema.

Während ich so mit ihr plauderte, überlegte ich fieberhaft, was ich jetzt tun sollte. Am besten würde ich abends, wenn ich wieder alleine zu Hause war, meine Schwester Hülya anrufen und sie fragen, ob ich sofort Schluss machen musste oder ob es noch irgendeinen Ausweg aus der Situation gab. Vielleicht konnte ich Bahar da rausholen, aus diesem Alevitenclan, vielleicht konnte ich sie retten und sie bekehren? Allah, Allah, ich musste unbedingt mit Hülya sprechen, denn sie kannte sich aus mit fast allem.

Abends am Telefon habe ich dann bei meiner Schwester angerufen. »Hallo, Hülya!«

»Serhat, mein Lieber, wie geht es dir? Und wie geht es deiner wunderbaren Freundin?«, hat sie dann auch gleich gefragt, als ob sie schon wusste, warum ich anrufe.

»Na ja, eigentlich geht es mir ganz gut …« Allah, Allah, dachte ich, vielleicht kann ich sie das auch nicht fragen, vielleicht ist das eine ganz blöde Idee, sie mit einer so brisanten Information einfach zu überfallen. Dazu kam: Was, wenn unser Telefon abgehört wurde? Vom Verfassungsschutz? Nun war ich hier sicher in Deutschland und dann fing ich etwas mit einer Illegalen an! Oder wenn sie selbst keine Illegale war, was ich inständig hoffte, wusste ich denn, was mit ihrer Familie war? Und wie konnte ich da meine Schwester mit reinziehen? Mehrere Sekunden verstrichen, ohne dass ich etwas sagte, und Hülya fragte: »Serhat? Ist alles okay? Bist du krank? Oder ist sie krank? Was ist los?«

»Nein, nein, es ist nichts …«, druckste ich herum. Verdammt, ich wusste doch, wie Hülya war. Sie würde es aus mir herauskriegen, jetzt, wo ich einmal angerufen hatte.

»Serhat, mein Lieber!«, sie klang streng. »Du weißt, du kannst deiner großen Schwester alles erzählen! Wir sind doch eine Familie! Ich helfe dir bei allen Problemen und Sorgen, die du hast.«

Das stimmte ja andererseits auch wieder, diese Erfahrung hatte ich schon öfter machen dürfen, Hülya hielt immer zu mir, sie holte mich aus der Patsche und ich war dankbar für unser ganz besonderes Verhältnis. Trotzdem zögerte ich noch, ihr das Unfassbare zu erzählen: »Bahar …«, fing ich an und Hülya unterbrach mich: »Was ist mit ihr? Geht es ihr gut? Ich hoffe bei Allah, dass sie gesund und munter ist, dieses wunderbare Vögelchen, hoffentlich sehe ich sie auch bald wieder!«

»Ja, äh, sie ist gesund und munter ...«, stammelte ich.

»Was ist denn dann los? So sprich doch mit mir, Serhat, mein Schätzchen!«

Ich nahm all meinen Mut zusammen und flüsterte ins Telefon: »Sie ist Alevitin!«

»Was? Ich verstehe dich nicht, du sprichst sehr leise!«

»Alevitin!«, sagte ich noch mal kaum hörbar.

»Serhat, ich bitte dich, sprich laut und deutlich, es wird nichts geschehen!«

Okay. Dann spreche ich es eben klar aus: »Bahar ist Alevitin!«

Zuerst hörte ich nur ein Glucksen, dann brach es aus Hülya heraus, sie lachte: »Hahahaha, Alevitin! Das ist ja wunderbar! Wieso machst du denn daraus so ein Geheimnis? Wenn sie Alevitin ist, liebe ich sie noch mehr!«

Ihr fragt euch, warum ich nicht wusste, was eine Alevitin ist? In Izmir, dieser modernen Stadt, in der ich groß geworden bin, interessierte es niemanden, woher jemand kam, deshalb wurde das bei uns nie thematisiert. Jedenfalls nicht in unserer Darbeli Matkaplar (Bohrmaschinengruppe).

Hülya erklärte mir, dass Aleviten sogar die zweitgrößte muslimische Glaubensrichtung in der Türkei darstellen, mit rund 15 Prozent der Bevölkerung, und dass sie gute Menschen sind, dass ihnen Geduld, Nächstenliebe und Bescheidenheit wichtig sind und sie wirklich gar nichts mit Verbrechen am Hut haben. Ich war beruhigt und später sogar noch mehr, als meine Mutter mich wissen ließ, dass sie auch nichts Schlimmes dabei fand, dass ihr Sohn mit einer Alevitin zusammen war. Als sie Bahar kennengelernt hat, mochte sie sie sehr gerne und war froh, dass ich so eine tolle Frau gefunden habe.

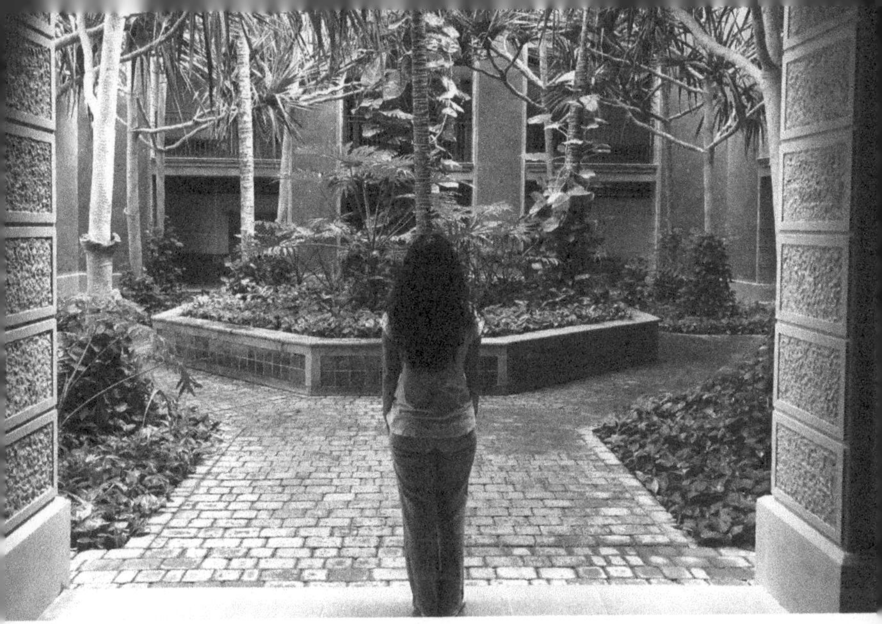

Wir haben uns bald eine gemeinsame Wohnung gesucht und als ich genug Geld verdient hatte und mein Aufenthaltsstatus sicher war, haben wir endlich geheiratet.

Sie hatte die ganze Zeit schon heiraten wollen und erklärt, dass ich dann ja auch eine Aufenthaltserlaubnis hätte und keine Comedy mehr machen müsste. Ich wollte aber erst heiraten, als ich selbst genug Geld verdiente und mein Status in Deutschland sicher war. Das war mein erster und letzter Befehl an meine Frau.

Wir verstehen uns sehr gut, gehen gerne zusammen spazieren, mögen unsere Familien und respektieren die Arbeit des jeweils anderen. Auch wenn sie mit meinem Beruf wenig anfangen kann. Dafür ist sie zu realistisch, was auch gut ist für ihre Arbeit als Intensivkrankenschwester. Obschon sie Humor hat, lacht sie selten über meine Witze, Comedy ist ihr zu langweilig. Außer es stolpert jemand und fällt in eine Torte. Da kriegt sie sich nicht mehr ein! Sie liebt Slapstick und Situationskomik. Es darf nur nicht zu unrealistisch sein. Das habe ich ziemlich schnell gelernt, als ich zum ersten

Mal mit ihr im Kino war. Wir guckten einen Superman-Film, was im Nachhinein keine gute Idee war. Superman ist ein Superheld und als solcher kann er fliegen. Punkt. Das ist ja wohl ganz normal, genau wie ein Vogel fliegen kann oder eine Biene. Aber Bahar saß neben mir im Kino und sagte mit sarkastischem Unterton: »Na klar, fliegt er einfach. Er fällt nicht vom Dach, er fliegt. Sicher.«

»Bahar, bitte sei leise, lass uns den Film anschauen«, flüsterte ich.

»Es wird auf ihn geschossen, aber er ist nicht tot, zehn Kugeln und er ist nicht tot, klar!« Sie lachte bitter auf.

»Bahar, bitte!« Die Leute vor uns drehten sich schon um und machten »Psst!«.

»Natürlich macht es ihm nichts aus, durchs Feuer zu FLIEGEN, und er kann selbstverständlich mit der Hand einen kompletten Zug stoppen, mhm.«

»Wenn Sie quasseln wollen, gehen Sie bitte raus!«, regte sich ein Herr hinter uns auf und ich ergriff die Gelegenheit, mit meiner Freundin das Kino zu verlassen.

»Ich mag das nicht. Das ist so unrealistisch.«

»Aber das ist doch das Schöne daran: Das ist alles erfunden!«

»Wieso muss man so etwas erfinden? Es passiert doch so viel in der Realität, das kann man doch auch erzählen und einen Film daraus machen!«

Sie erzählte mir lieber von ihrer Arbeit: »Serhat, erinnerst du dich an den netten Opa, von dem ich dir erzählt habe? Der mit dem Herzinfarkt?«

»Oh ja, ich erinnere mich, der, der gesagt hat, dass ›Bahar‹, also Frühling, so gut zu dir passt, weil du für ihn wie ein frischer Frühlingswind bist?«

»Ja, genau der, der mir ein Marzipanherz geschenkt hat.«

»Ein Marzipanherz? Echt? Das hast du mir nicht erzählt! Wo ist er, er wird mich kennenlernen!«

Sie lächelte und legte ihre Hand beruhigend auf meinen Arm: »Doch, das habe ich dir erzählt. Wir haben das Herz zusammen gegessen. Also, dieser neunzigjährige Opa, der mir ein wunderschönes Gedicht aufgesagt hat …«

»Ja, daran erinnere ich mich, wirklich nett von dem!«, unterbrach ich sie.

»Ja, ein wirklich lieber Patient, geduldig, freundlich und höflich …«

»Ja, du erzählst viel von ihm, was ist mit ihm?«

»Er ist tot.«

Ich war bestürzt: »Wie? Was?«

Sie zuckte mit den Schultern und fragte: »Was wollen wir heute Abend essen?«

»Bahar, Moment, das ist ja schrecklich! Der Arme! Seine arme Familie! Oh, das ist so traurig!« Mir schossen die Tränen in die Augen, während sie mich nur aufmerksam ansah.

»Na ja, klar, das ist schon traurig, aber er war immerhin neunzig! Und schwer krank. Und wir sterben alle irgendwann. Das weißt du doch, oder? Nach lebendig kommt tot.«

Ich guckte sie fassungslos an. Wahrscheinlich konnte man anders ihre Arbeit wirklich nicht machen.

Ihre realistische Art sollte ich noch öfter kennenlernen. Wenn ich mal Kopfschmerzen habe oder mir der Rücken wehtut und ich etwas dazu sage – ich würde nie jammern, ich bin Türke –, aber wenn sie fragt, warum ich mit einer Wärmflasche im Kreuz auf dem Sofa liege und ihr nicht helfen kann, die Einkäufe wegzuräumen, dann sage ich ihr, was los ist, natürlich!

So wie neulich: Ich muss mir beim Sport etwas verrenkt haben, denn ich bin mit wirklich starken Rückenschmerzen aufgewacht. Und habe den ganzen Tag nur auf dem Sofa gelegen, mit Schmerztabletten und Wärmflasche. Als meine Frau abends von der Arbeit kam, hat sie gefragt: »Was ist mit dir? Warum liegst du hier auf dem Sofa?«

Ich habe gestöhnt: »Allah, ich habe solche Rückenschmerzen, ich kann mich kaum bewegen!«

Sie hatte eingekauft und wunderte sich, warum die Spülmaschine nicht ausgeräumt war und die Küche nicht geputzt.

»Es tut mir leid, ich glaube, ich habe einen Hexenschuss oder so etwas, ich konnte gar nichts machen!«, jammerte ich.

»Du hast das Südländersyndrom!«, ließ sie mich wissen.

»Nein! Es tut wirklich weh, ich schwör! Hoffentlich ist das nichts an den Nieren oder ein Bandscheibenvorfall oder so etwas …« Ich fantasierte schon, so schlecht ging es mir.

»Was hast du? Was kann denn im schlimmsten Fall passieren?«, fragte sie und gab gleich darauf selbst die Antwort: »Im schlimmsten Fall bist du tot.«

Manchmal ist sie auch ein bisschen seltsam. Obwohl sie selbst Krankenschwester, genauer gesagt Intensivschwester ist, hat sie wenig Vertrauen in Ärzte. Sie glaubt, sie kriegt alles selbst hin. So hatte sie einmal immer Magenschmerzen und ich habe gesagt: »Geh bitte zum Arzt.« Sie wollte nicht und war sicher, sie kriegt alleine raus, woher die Magenschmerzen kommen. Als ich sie ein paar Tage später fragte, ob es ihrem Magen wieder besser geht, sagte sie: »Nein, leider nicht. Aber an der Zitrone liegt es schon mal nicht.«

»Wie; ›an der Zitrone liegt es nicht‹?«

»Na ja, ich habe jetzt mal ein paar Tage keine Zitrone gegessen, keinen Zitronensaft in den Tee getan, auch nicht in den Salat, und keinen Zitronenkuchen gegessen. Ich habe sogar meine geliebte Zitronenlimo nicht bei der Arbeit getrunken. Aber mein Magen ist nicht besser geworden. Also liegt es schon einmal nicht an der Zitrone.«

Sie schien mit der Erkenntnis sehr zufrieden zu sein und ich konnte das überhaupt nicht verstehen: »Bahar, Schatz, dir ist aber schon klar, dass es dann noch viele andere Sachen geben kann, die Schuld an deinen Magenschmerzen sind?«

»Ja. Ich werde es ausprobieren.«

»Bahar, das sind mehrere Tausend Sachen, das kann alles sein: Mehl, Ei, Kohlensäure, Pfeffer, Knoblauch (Allah, lass es nicht Knoblauch sein!), Milch, Tee, Butter ...«

»Na und?«, unterbrach sie mich. »Dann probiere ich eben alles aus! Ich habe Zeit!«

Erst als sie wirklich alles ausprobiert hatte und nichts etwas nützte, gab sie einem Arzt eine Chance. Und war froh, als er ihr helfen konnte. Glaube ich.

So ist meine Frau und auch dafür liebe ich sie. Und für vieles mehr. Wir helfen uns gegenseitig. Weil sie zum Beispiel viel besser Deutsch konnte als ich, hat sie mir immer sehr geholfen, Moritz' Texte und Witze zu verstehen. Dass die eigene Frau in irgendetwas besser ist als er selbst, hat ein türkischer Mann ja eigentlich nicht so gerne. Aber ich bin eben ein untypischer Türke (danke, Vater!).

Dafür habe ich ihr richtiges Türkisch beigebracht, sie konnte das kaum noch, als wir uns kennengelernt haben. Jetzt sprechen wir meist Türkisch miteinander.

Machofrauen

In meiner Familie sind die Frauen sehr dominant. Wahrscheinlich habe ich mir deshalb auch eine dominante Frau gesucht, es ist völlig okay für mich, ich liebe sie und ich mache gerne den Haushalt. Meine Mutter hat schon meinem Vater immer gesagt, wie er alles zu machen hatte. Und ich bin eben auch ein weiches Ei. Als wir uns einen Thermomix gekauft haben, war mir schon klar, dass den hauptsächlich ich benutzen würde. Und ich benutze ihn gern, denn mit dem kann ich wenigstens diskutieren. Wenn da im Display steht: »200 Milliliter Öl zufügen«, dann sage ich zu ihm: »Ach was, du hast keine Ahnung, da gehören mindestens 500 Milliliter Öl rein!« Und dann mache ich das auch. Bei meiner Frau würde ich mich das nicht trauen, mit ihr würde ich nicht streiten und diskutieren wollen. Genauso bin ich froh, dass ich alleine für unseren Balkon zuständig bin. Also für die Bepflanzung. Denn wenn Bahar da mitreden könnte, wäre es sehr schwierig für mich, wir würden immer sehr viel diskutieren. So kümmere ich mich darum und ihr gefällt es.

Mein Schwager Moritz macht auch gerne, was seine Frau Hülya sagt, und das nicht nur, weil er neben und mit Alice Schwarzer aufgewachsen ist. Das ist wirklich wahr, glaubt mir, Köln ist ein Dorf! Die Familien waren Nachbarn und haben sich angefreundet. Alice wurde so quasi die Ziehtante von Moritz.

Bei einem Besuch bei meinen Eltern hat Alice deren Hochzeitsfoto an der Wand gesehen und bei der bloßen Betrachtung der beiden sagte sie über meine Mutter: »Was für eine Emanze!« Und über meinen Vater sagte sie bedauernd: »Oooch, der arme Mann! Er kann gar nicht glauben, dass er diese tolle Frau bekommt!« Sie hatte in einer Minute die Ehe meiner Eltern analysiert.

Eine Tante von mir hatte damals am Hansaring ein Restaurant mit einer türkischen Spezialität, »Manti«. Dieses Gericht ist fast wie Tortellini oder Maultaschen. Also gefüllte Teigtaschen mit gewürztem Hackfleisch, Zwiebeln und Petersilie. Drüber kommt eine Knoblauch-Joghurt-Soße. Ihr müsst es unbedingt probieren, es ist total lecker. (Toll. Jetzt habe ich schon beim Schreiben Hunger.)

Weil sie sehr großes Interesse an der türkischen Kultur und der türkischen Küche hat, wollte Alice Schwarzer unbedingt das Gericht kennenlernen. Meine Schwester Hülya und ihr Mann Moritz haben ein Treffen mit Alice und meinen Eltern bei meiner Tante im Restaurant organisiert. Hülya und Moritz haben mir die ganze Geschichte erzählt: Tantchen war wohl völlig aus dem Häuschen, weil ihr Idol, die große Alice Schwarzer, in ihr Restaurant gekommen ist, sie war aufgedreht wie ein kleines Mädchen und hat ständig gekichert und gelacht, als sie Alice erklärt hat, wie sie die Manti zubereitet. Sie war völlig begeistert und glücklich über Alice' Besuch!

Wie Hülya erzählt, muss es ein sehr schöner Abend gewesen sein. Sie haben gegessen und getrunken und alle Frauen haben erzählt und gelacht. Die Männer haben gegessen und dabei den Frauen zugehört.

Irgendwann fragte meine Mutter: »Frau Schwarzer, schreiben Sie auch so lustige Sachen wie Moritz?« Tja, meine Mutter musste nichts vom Feminismus wissen, um eine sehr emanzipierte und äußerst selbstbewusste Frau zu sein.

Als sich Alice nach einiger Zeit verabschieden wollte, ging sie zu meinem Vater und drückte ihm ihre Visitenkarte in die Hand mit den Worten: »Falls Sie irgendwann einmal Hilfe brauchen – melden Sie sich gerne bei mir!«

Üben, üben, üben

Dem Ausländeramt musste ich regelmäßig beweisen, dass ich von meiner Arbeit als Comedian leben konnte, also brauchte ich noch mehr Nummern und Auftritte. Hülya und Moritz meinten, dafür müsse ich mehr üben. Meist sahen unsere Proben so aus, dass Hülya mir übersetzt hat, was Moritz geschrieben hatte, und Moritz mir erklärt hat, wann ich eine Pause machen musste und wie ich dabei gucken sollte. Er spielte mir die Nummer auf Deutsch vor und Hülya übersetzte wieder und ich verstand nicht, was daran lustig sein sollte. Es war sehr mühsam, aber die beiden waren sehr geduldig und wir hatten auch jede Menge Spaß dabei. Zu Hause hat mir dann Bahar noch mal erklärt, worum es in der neuen Nummer geht.

Den Sinn von Proben habe ich bis heute nicht so recht verstanden. Wozu?

Es war jedes Mal dasselbe, Moritz rief an: »Hey, Bruder, du hast nächste Woche einen Auftritt in Düsseldorf, kannst du die neue Nummer schon?«

»Evet.«

»Das heißt Ja! Du bist jetzt in Deutschland! Du musst Deutsch sprechen!«

»Ja.«

»Also, zeig uns die Nummer!«

»Wozu?«

»Weil du sie üben musst!«

»Aber es ist doch kein Publikum da! Und ihr kennt sie doch schon, du hast sie schließlich geschrieben!«

»Man übt ohne Publikum, damit man dann gut ist, wenn Publikum zusieht!«

»Aber ich kann sie doch, sie ist doch gut!«

»Dann zeig sie uns!«

»Wozu? Ihr kennt sie doch!«

Und so weiter. Eigentlich bin ich Hülya und Moritz dankbar, dass sie mit mir fast nie die Geduld verloren haben. Denn es war ja wohl nicht so einfach mit mir. Es gab drei Probleme:

1. Ich konnte und verstand kein Deutsch.
2. Mir fiel die Aussprache schwer.
3. Mir fielen die Betonungen schwer.

Und wenn man meiner Schwester Selda glaubte, gab es noch ein viertes Problem:

4. Ich hatte keine Disziplin. (Sie hatte damit nicht ganz unrecht.)

Selda glaubte nicht, dass ich es schaffen würde. Sie hatte selbst auch Schauspiel studiert, zum Leidwesen unserer Mutter, die ja als Sängerin eigentlich selbst aus dem künstlerischen Bereich kam. Vielleicht war sie neidisch, dass ihre Tochter studieren konnte, was ihr selbst nicht vergönnt gewesen war, oder sie hatte Angst, dass ihre Tochter auf die schiefe Bahn kommen könnte. Denn Schauspieler machten ja andauernd mit wechselnden Partnern rum, nahmen Drogen und schliefen die ganze Zeit, da war sie sich ziemlich sicher. Selda selbst aber wusste, wie wichtig eine eiserne Disziplin und Fleiß waren, wenn man auf der Bühne Erfolg haben wollte. Und ich bin Hülya und Moritz unheimlich dankbar, dass sie nie lockergelassen haben und mich auch ein bisschen zum Bühnenmenschen »erzogen« haben.

Auf jeden Fall ist es, wenn ich jetzt so überlege, vielleicht doch gar nicht so seltsam, dass ich auch auf der Bühne stehe, bei dieser Familie …

Aber so richtig Spaß gemacht haben mir die Comedyauftritte lange Zeit nicht. Aber ich wollte eben auch nicht mehr zurück in die Türkei und so war es einfach praktisch für mich, mit Comedy Geld zu verdienen. Und Moritz und Hülya fanden ja auch, dass ich Talent dafür hatte. Das wiederum verstand ich nicht, wo war denn bei mir »Talent«? Es schien ja auszureichen, dass ich das tat, was mein Schwager und meine Schwester mir sagten … War das schon Talent? Dass ich die schwierigen deutschen Wörter und Sätze irgendwie auswendig lernen und einigermaßen aussprechen konnte, ja, das war aber auch echt anstrengend und ohne Bahars Hilfe wäre ich da oft echt aufgeschmissen gewesen.

Es war eine sehr seltsame Zeit. Moritz schrieb mir laufend Nummern, also lustige Texte, von denen ich nicht verstand, dass sie lustig waren. Wo war der Witz?

Dazu kommt nämlich, dass türkischer Humor ganz anders funktioniert als deutscher. Eher, na, sagen wir mal, tiefgründiger – also immer unter der Gürtellinie. Und da habe ich auch meinen ersten eigenen Gag gemacht: »Am« ist in der Türkei die Bezeichnung für das weibliche Geschlechtsteil. Und so sagte ich also zu Moritz: »Ich wollte eigentlich nur nach Deutschland, weil es hier immer heißt: ›AM Montag, AM Dienstag …‹« Solche Witze funktionierten prima in der Türkei. Aber in Deutschland waren es andere Dinge, die die Menschen lustig fanden, zum Beispiel meine Deutschlandnummer:

> Deutschland ist sehr schwer für mich, weil du musst immer etwas machen. In der Türkei, wenn du gar nichts machst – vielleicht nach

zehn Jahren kommt dein Vater: »Sag mal, willst du nicht mal was machen?«
»Papa, mach keinen Stress, bitte!«
»Pffff ... Allah, Allah ...«

Ja, ich hab immer so gelebt. Im Sommer bisschen Geld verdienen – im Herbst, Winter, Frühling ausgeben. Wenn das Geld zu früh alle ist, gehe ich zu Mustafa und leihe mir was. Gut, dafür muss meine Cousine Mustafas Sohn heiraten – aber ist nicht mein Problem.
In Deutschland – wenn du drei Monate nichts machst, bist du entweder im Pennerheim oder Gefängnis.

Am Anfang habe ich gedacht: Ooooh, in Deutschland sind alle so nett! Guck mal: Deutsche Bank schreibt mir einen Brief, Telekom schreibt mir auch, O2 schreibt mir, Hausarzt schreibt mir, Versicherung schreibt mir ...
Ich habe alles gesammelt – wollte ich meinen Freunden in der Türkei zeigen: »Guckt mal, die Deutschen lieben mich!«

Natürlich – ich habe gar nichts gelesen. Ich konnte ja kein Deutsch. Nach drei Monaten hab ich die Briefe zu Murat in Dönerbude gegeben.
»Sag mal, Murat, was schreiben die?«
»Hey, Alter, sie wollen alle Geld von dir.«
»Toll. Ich hab gedacht, Telekom ist mein Freund. Aber hat mich nur ausgenutzt!«

Aber dann hab ich gedacht: »Kein Problem, ich mach das schon!«
War gerade November, also rufe ich bei der Telekom an: »Ja, hallo, hier ist Serhat. Wollte nur sagen: Rechnung bezahle ich dann im Sommer.«

Ich habe gemerkt: »Ich bezahle im Sommer« ist kein guter Satz in Deutschland. Vor allem nicht im November.
Aber Sommer beginnt am 21. Juni – sogar am 20. Juni kannst du nicht sagen: »Ich bezahle im Sommer.«
Du musst sagen: »Ich bezahle morgen früh um 8 Uhr 23 und 16 Sekunden.«

Also, nach drei Monaten habe ich gelernt: In Deutschland, wenn du einen Brief bekommst, musst du bezahlen.
Arme Deutsche! Immer wenn der Briefträger kommt, habt ihr so viel Angst!

Also habe ich dann jeden Brief bezahlt. Bravo! Danke, Deutschland. Ich habe in einem Monat gekauft ... Moment, ich hab eine Liste in der Hosentasche, die lese ich mal vor:
Drei DVD-Player, zwanzig Kochtöpfe und eine Münzedition »Fußball-WM 2006«. Ich habe fünf Tages-, drei Wochenzeitungen und die *Emma* abonniert und eine Reise nach Australien gebucht.

Und außerdem bin ich jetzt Mitglied bei: Club Bertelsmann, Rotes Kreuz, Amnesty International, 1. FC Köln, Aktion Fischotterschutz, Tigerenten-Club und CDU.

Toll. Drei Monate habe ich gar nichts gemacht – 1000 Euro Schulden. Dann habe ich einen Monat alles gemacht – 3000 Euro Schulden.

Eine Woche später klingelt es. Stehen drei Männer vor meiner Tür: »Guten Tag. Haben Sie einen Fernseher?« Ich sage: »Ja.« Die gehen in mein Wohnzimmer, nehmen den Fernseher – und tschüss!
Ich habe gedacht: Allah, Allah! In der Türkei – wenn du etwas klauen willst, wartest du, bis niemand da ist, und brichst die Tür auf.
Aber wir sind in Deutschland, mitten in Europa, wir sind so modern, da wird geklingelt, er sagt »Guten Tag« und gibt dir am Ende eine Quittung! Was für eine Kultur, ey!

Damit ich besser »reinkomme« und »Übung« bekomme, schrieb Moritz dann auch noch ein Theaterstück, in dem fast unsere ganze Familie mitspielte. »Meine dicke, freche, türkische Familie« hieß es und wir führten es im Kölner *Eiffelturmtheater* auf. Es war ein Riesenerfolg und immer ausverkauft. Moritz, Hülya, Selda und Tino, Seldas Mann, unser Freund Wilhelm und ich spielten mit.

Das Lustige war, dass wir Türken viel deutscher aussahen mit unseren hellen Augen und ich mit meinen blonden Haaren als die Deutschen. Es ging um deutsch-türkische Unterschiede und war wie eine Talkshow aufgebaut, Moritz war der Moderator. Und es kam super an, auch dass wir Rituale aus dem türkischen Theater mit einbauten. So begrüßten wir das Publikum vor der Show mit Kölnischwasser und Bonbons, ganz so, wie man es in der Türkei machen würde. Die Leute liebten es und es war schön, mit der ganzen Familie auf der Bühne zu stehen.

Auch wenn es natürlich immer wieder Krach gab. »Warum bist du mir ins Wort gefallen, drängele dich nicht immer so nach vorn, du warst zu spät/zu früh, du hast mich zu doll gehauen, das sollte doch nur so aussehen« und so weiter … Manchmal haben wir uns vor der Vorstellung mit dem Arsch nicht angeguckt (geht ja auch gar nicht), aber sobald wir auf der Bühne waren, haben wir sehr harmonisch zusammengespielt und das Publikum hat nichts gemerkt.

Innerhalb dieser Show habe ich auch erklärt, wie die Türken immer schon die Weltgeschichte beeinflusst haben. Das war nämlich gaaaaanz anders, als viele denken:

Die Weltgeschichte gibt es in zwei Versionen.
Die erste ist die Originalversion, die zweite ist von meinem Vater.

Für meinen Vater beginnt die Weltgeschichte mit Osmanischem Reich:
Wenn du ihn fragst: »Papa was ist mit den Maya, den Römern, alten Griechen?«
Sagt er: »Ha! Das haben die Amerikaner für sich ausgedacht, für ihre Filme.«
»Okay, aber wer hat die Pyramiden gebaut?«
»Natürlich die Türken.«
»Okay, aber warum sind die Zeichen in den Pyramiden ägyptisch?«

»Allah, Allah, die türkischen Erbauer hatten ägyptische Sklaven.«
Und auch alle großen Erfindungen kommen aus der Türkei.
Wenn du ihn fragst: »Papa, was ist mit Albert Einstein?«
Antwortet er: »Ah, Albert hatte einen türkischen Onkel. Er hat ihm gesagt: ›Albert, ich habe so viele Kinder, mit der Zeit gibt es immer weniger Raum, ich glaube, Zeit und Raum hängen irgendwie zusammen.‹«

Ich liebe die Deutschen. Besonders wie sie mit der Vergangenheit umgehen. Sie sagen: »Nazizeit war scheiße. Tut uns sehr, sehr leid, kommt nicht wieder vor.«
Oder Wiedervereinigung. »Sorry, war ein Fehler. Wussten wir ja nicht, dass die Ossis so schlimm sind.« *(Im Osten sage ich natürlich: die Wessis …)*
Aber wir Türken sagen einfach nur: »Ja, und? Wir können gar nicht schuld sein. Geht gar nicht. Wir machen nie Fehler.«
Wenn wir mit dem Auto gegen 'ne Mauer fahren, so: »Ey, welcher Idiot baut hier 'ne Mauer??!!«

Mein Vater hat mir erzählt:
»Hey, mein Sohn, am 14. Oktober 1683. Du kennt ja die osmanische Geschichte, oder? Genau: Da wollte Sultan Süleyman der Prächtige Wien erobern. Sah auch erst mal gut aus.

Alle Osmanen bereit zum Sturm auf Wien, da plötzlich: Es regnet! Der Sultan so: ›Ey, Scheiße, Mann! Bei Regen macht Krieg voll keinen Spaß … Wir ändern Plan. Wir machen die Wichser erst heute Abend platt! Vorher Dönerteller komplett für alle!‹

Dann General Murat: ›Mann, Süleyman, voll die Katastrophe: Durch Regen ist Grill ausgegangen.‹

Sultan Süleyman so: ›Ey, ich ficke diesen Scheißregen … Warte mal, ich hab ’ne Idee: Nimmst du einfach Campinggaskocher!‹

War aber noch nicht erfunden.

Süleyman ließ Murat trotzdem köpfen. Hatte kein Vertrauen mehr.

Dann kam noch schlimmer, auf einmal 10 Grad minus.

Sagt General Erol: ›Ey, Mann, Süleyman, voll die Katastrophe. Dönerspieße sind gefroren. General Mehmet klebt jetzt mit Zunge fest.‹

Sultan ließ Erol und Mehmet köpfen: Hatte kein Vertrauen mehr.

Dann sagt Süleyman: ›Okay, wir sagen zu Hause, ist unentschieden ausgegangen und Schuld war: Wir hatten keinen Campinggaskocher.‹

Dann wieder zurück nach Antalya, Wellnessurlaub in Robinson-Club mit ganzem Harem. So endete Belagerung von Wien.«

Ist alles historisch, könnt ihr nachlesen. Und zwar unter:

Http Doppelpunkt Slash Slash Wikipedia Punkt Org slash Süleyman slash Dönerteller komplett.

Wenn mein Vater mich ins Bett gebracht hat, hat er mir immer ein türkisches Märchen vorgelesen: Rotkäppchen.
Wie, ihr denkt, das kommt aus Deutschland?
»Eeeeeh, die Brüder Grimm, die waren zwei Jahre im Urlaub in der Türkei – und da haben sie alle Märchen geklaut.«

Den kenn ich aus der Glotze!

Weil Moritz viele Leute aus der Fernsehbranche kannte, kam es dazu, dass ich auch oft dort mitmachen konnte. Ich musste ja nachweisen, dass ich von meinen Auftritten leben konnte, also musste ich bekannter werden, um mehr Shows spielen zu können. Bislang war ich immer nur mit einem Kurzprogramm in Shows mit mehreren Künstlern unterwegs, aber wir hatten dem Ausländeramt versichern müssen, dass ich nach drei Jahren in Deutschland ein ganzes Abendprogramm haben würde. Neunzig Minuten Programm! Mit Zugaben zwei Stunden! Also musste neues Material getestet werden, ich musste sicherer auf der Bühne werden und dafür brauchte ich mehr Spielmöglichkeiten. Um die zu kriegen, war es gut, bekannter zu werden.

So kam ich in eine Sendung, die *Rent a Pocher* hieß. Wer sich nicht daran erinnert: Der Comedian Oliver Pocher konnte damals von verschiedenen Vereinen, Betrieben oder anderen Institutionen »gemietet« werden, einen Tag lang bei ihnen mitzumachen. Diese Einspieler wurden dann in einem Studio mit Publikum gezeigt und es wurde darüber gesprochen. Hier saß dann ich für einige Folgen als sogenannter Sidekick, also als eine Art Mitmoderator oder Assistent von Oliver Pocher, den ich vorher übrigens überhaupt nicht kannte. Ich verstand außerdem immer noch ganz wenig Deutsch, wusste nicht, was ich da tun sollte, und mir war die Sprache immer noch zu fremd, um mich darin ganz normal auszudrücken.

Seltsamerweise kam genau das ziemlich gut an beim Publikum. Meist saß ich einfach nur da und lächelte. Tatsächlich fand ich das alles, nicht zuletzt weil ich nur wenig wirklich mitbekam, recht langweilig, was aber, wie Moritz mir erklärte, wohl sehr abgeklärt und cool wirkte. Oliver machte seine Späße und ich ließ ihn knallhart abblitzen, weil ich sie in der Regel überhaupt nicht kapierte. Ich hab es ja probiert: Wenn er mir eine Frage gestellt hat, habe ich versucht, sie in meinem Kopf ins Türkische zu übersetzen. Und wenn ich sie dann verstanden habe, habe ich mir eine witzige – wie ich fand – Antwort darauf überlegt, obschon ich eigentlich keine Ahnung hatte, was die Leute witzig finden würden. Aber egal, Olli erwartete ja von mir irgendeine Antwort, sonst hätte er nicht gefragt, also habe ich meine türkische Antwort im Kopf versucht, ins Deutsche zu übersetzen. Bis ich mit der ganzen Sache fertig war und endlich etwas vortragen konnte, war die Sendung schon längst vorbei. Weil das oft so gelaufen ist, habe ich mich irgendwann entschieden, einfach immer nur mit »Ja« zu antworten. Und das fand das Publikum sehr lustig. Denn er hat auch oft Fragen gestellt, auf die man gar nicht mit »Ja« antworten kann. Zum Beispiel: »Was verstehst du eigentlich von dem, was ich dich frage?« Ich habe ihn freundlich angestrahlt und »Ja!« gesagt.

Mein Schwager hat mir hinterher erzählt, was Olli mich gefragt hat. Auf jeden Fall war es gut, dass ich immerhin nicht »Nein« gesagt habe, finde ich. Ich bin schließlich ein optimistischer Mensch.

Alle möglichen Aufgaben musste ich in der Sendung erfüllen, einmal wurde ich mit sehr viel Gaffa-Tape an die Wand geklebt und sie haben die Zeit gestoppt, bis ich langsam herunterrutschte, und ein anderes Mal sollte ich in einem Laden ganz viel essen, ohne zu bezahlen, bis der Hausdetektiv kam. Hahaha, das wurde dann in der Sendung aufgelöst und Gott sei Dank, ich musste nicht ins Gefängnis. Was das sollte? – Keine Ahnung. Aber ich wurde dafür bezahlt und so machte ich alles mit.

Einmal hatte ich verstanden, was Olli von mir wollte. Denn ich kannte dieses Lied von Prince, das war auch in der Türkei manchmal im Radio gelaufen. Ich sollte es singen. Überhaupt kein Problem, zwar konnte ich nicht singen, aber ich konnte ja auch kein Deutsch und das war egal. Also stellte ich mich hin und wiederholte immer und immer wieder monoton, aber im Brustton der Überzeugung: »Pöpl Rein, Pöpl Rein, Pöpl Rein ...« Worum es da ging in dem Lied? Keine Ahnung. Irgendwie ums Nasebohren vielleicht. Hm. Aber müsste es dann nicht »Pöpl raus« heißen? So viel Deutsch konnte ich ja schon.

Einmal hatte Olli ein paar Zeitschriften auf dem Tisch liegen, *BRAVO* und *Mädchen* und so, und er fragte mich: »Habt ihr das auch in der Türkei?« Das hatte ich verstanden und sagte: »Ja, mit mir drin.« Das Publikum grölte vor Lachen und Olli wusste nicht, was er dazu sagen sollte. Diesmal hatte ich *ihn* sprachlos gemacht.

Meine Berühmtheit wuchs durch die Pocher-Sendung. Es kam immer öfter vor, dass Leute mich auf der Straße ansprachen, und wenn es damals schon Handys mit Kamera gegeben hätte, ich schwör, ich hätte sehr viele Selfies machen müssen.

Dank Pocher wurde ich auch in andere Fernsehshows eingeladen und dort lernte ich alle möglichen Leute kennen. Einmal kam kurz vor der Show ein Mann auf mich zu und ich dachte: »Oh, der muss sich jetzt aber mal beeilen, der muss sich noch umziehen und jeden Moment geht's los! Der hat Nerven!« Er trug ein scheußliches Hawaiihemd und stellte sich vor: »Hallo, ich bin Jürgen von der Lippe!« Ich sagte nur: »Und ich bin Serhat von der Türkei.« Es stellte sich heraus, dass ich in seiner Sendung zu Gast war. Egal.

Ein anderes Mal war ich bei *Stratmanns*, einer Kabarettsendung mit Ludger Stratmann. Mein Schwager hatte mich dort empfohlen und begleitete mich, um mich zu unterstützen. Dabei brauchte ich damals schon überhaupt gar keine Unterstützung, wozu denn! Moritz schrieb einfach total gut, die Leute mochten, wie ich es auf der

Bühne rüberbrachte – also würde ich es auch dieses Mal sehr gut machen. Ich war etwas genervt, dass wir schon so früh da hinmussten.

Allah, das habe ich in den ganzen Jahren gelernt: Wenn du was fürs Fernsehen machst, musst du warten. Du spielst viereinhalb Minuten und sitzt dafür mindestens acht Stunden rum und langweilst dich. Damals wusste ich das noch nicht und war also genervt, dass wir so früh da sein sollten, nämlich um 14 Uhr, obwohl die Aufzeichnung erst um 20 Uhr losgehen sollte! Moritz erklärte mir, um 15 Uhr sei eine Durchlaufprobe. Was sollte das denn sein? Wozu eine Probe? Ich konnte meinen Text und hatte ihn der Regie auch schon geschickt, weil die ihn unbedingt vorher haben wollten. Moritz meinte, ich muss das machen, sie wollen gucken, wie das alles funktioniert mit den verschiedenen Künstlern, denn ich war nicht der einzige Gast in der Sendung. Also gut, dann von mir aus.

Um kurz nach 15 Uhr herrschte konzentrierte Stille im Saal, die Aufnahmeleitung sagte, dass die Probe jetzt losgehen würde, und einer nach dem anderen stellte sich auf die Bühne und spielte seine Nummer.

Irgendwann holte mich die Aufnahmeleiterin und zischte mir ins Ohr: »Du bist gleich dran, geh schon mal nach hinten zum Bühnenaufgang!« Also gut. Ich tat, was sie mir befahl. Herr Stratmann sagte meinen Namen, die Aufnahmeleiterin nickte mir bedeutungsvoll zu und ich trottete auf die Bühne und spulte meinen Text ab, ließ die Leute nur manchmal wissen: »Dann guck ich so, dann mach ich so«, und sah davon abgesehen zu, dass ich wieder von der Bühne kam. Ich war viel schneller fertig als sonst.

Moritz erzählte mir hinterher, er wäre fast gestorben, weil ich den gesamten Text nur so runtergerasselt hatte, der Regisseur und Ludger Stratmann waren fassungslos und überlegten, woher sie so kurzfristig Ersatz für mich bekommen könnten. Ich hatte überhaupt kein Timing, das hieß, ich hatte keine Pausen gemacht, keine Pointen gesetzt, sondern alles nur monoton heruntergerattert. Wo war das Problem? Ich war ja schon froh, dass ich den Text überhaupt konnte!

Ich meine, ich kannte das Land nicht, ich kannte die Sprache nicht, ich kannte den Beruf des Comedians nicht und ich *wollte* das eigentlich gar nicht machen ... Wie sinnlos war es da, die Nummer ohne Publikum zu spielen? Es leuchtete mir so überhaupt nicht ein!

Moritz und ein Kollege, der für Ludger Stratmann schrieb und mich auch gesehen hatte, brauchten ihre ganze Überzeugungskraft, um dem Regisseur klarzumachen, dass ich anders war, besser, wenn erst einmal Publikum da war. Zum Glück glaubten Herr Stratmann und der Regisseur ihnen.

Und was soll ich sagen, ich kam in der Aufzeichnung sehr gut an und machte meine Sache richtig toll und fühlte mich im Scheinwerferlicht pudelwohl.

Aber Zweifel blieben. Immer wieder redeten meine Schwester Hülya und ihr Mann auf mich ein: »Du kannst das! Deine Blicke allein! Du bist ein Naturtalent!« Und ich fragte mich abermals: Was ist Talent? Was ist das? Es war eine so fremde Welt für mich. Immerzu hatte ich im Hinterkopf: Wenn ich endlich eine Aufenthaltserlaubnis habe, mache ich was anderes. Ich merkte, dass das, was Moritz schrieb und ich auswendig gelernt hatte, die Leute zum Lachen brachte. Es kam gut an, aber ich hatte keine Ahnung, warum. Ich war immer wieder überrascht, wenn ich neues Material vortrug und die Menschen im Publikum sich kaputtlachten. Denn ich verstand den Witz nicht, ich wusste nicht, was daran lustig sein sollte. Und das spiegelte sich in meinem komplett verständnislosen Blick wider, der die Leute noch viel mehr zum Lachen brachte.

Dieser naive Typ, der ich auf eine gewisse Weise ja auch wirklich bin, kommt einfach beim Publikum sehr gut an. Moritz und Hülya sagen, er ist sympathisch. Also ich. Sie waren nicht überrascht. Sie haben in mir den Komiker gesehen, lange bevor ich ihn gesehen habe. Ich war für sie ein »Rohdiamant«, ich war ihr »Projekt«, wie Eliza Doolittle in *My Fair Lady*. Allerdings mit glücklicherem Ausgang. Sie haben immer an mich geglaubt und haben den Komiker herausgemeißelt. Meine Schwester als Regisseurin, mein Schwager als Texter und Regisseur. Und beide als Familie. Und wisst ihr was? Sie haben recht gehabt. Inzwischen stand ich immer lieber auf der Bühne und mir fielen selbst ganz oft lustige Dinge ein, die ich spontan erzählte und die dem Publikum auch gefielen.

Auch heute höre ich nur auf die beiden. Einmal wollte mich eine Agentur vertreten, also für mich Auftritte an Land ziehen, und die Dame sagte, ich müsse dann aber einen anderen Regisseur haben und an den Texten arbeiten. Ich habe ihr abgesagt. Ich mache das nur mit meiner Familie. Und ich vertraue meinem Schwager Moritz und meiner Schwester Hülya blind.

Helmut Kohl im WDR

Moritz und ich sind wirklich wie Brüder. Gerne gehen wir zusammen in Shishabars und gucken uns »typische Türken« an. Ist für mich auch interessant, ich selbst bin ja ein weiches Ei. Und einmal wollten wir zusammen mit dem WDR gucken, wie türkischen Männern meine Nummern gefallen. Denn türkische Männer kommen praktisch nicht in meine Shows. In meine Shows kommen Männer, die von ihren Frauen mitgeschleppt wurden, oder manchmal auch deutsche Männer mit einem Kumpel. Aber türkische Männer kommen nicht. Wahrscheinlich weil sie Angst vor mir haben, weil ich so stark und böse aussehe auf meinen Pressefotos, nämlich so wie vorne auf diesem Buch.

Jedenfalls wollte der WDR also mit Moritz und mir eine kleine Doku drehen über mein deutsch-türkisches Material und wie das bei Türken ankommt. Und wo findet man türkische Männer? Natürlich im türkischen Männercafé! In Deutschland sitzen Frauen im Café, in der Türkei Männer. Und wenn sie nicht in der Türkei ins Café können, gehen sie in Deutschland ins türkische Café. Wir sind also mit einem Kamera-, einem Tonmann und einem Redakteur im türkischen Viertel in Köln in ein Männercafé gegangen, in der Weidengasse.

Es lief orientalische Musik aus einem Fernseher oben unter der Decke, ich glaube sogar, meine Mutter hat gesungen, bin mir aber nicht mehr ganz sicher. Türkische Männercafés haben – im Gegensatz zu deutschen – meist keine große Scheibe nach draußen und wenn doch, gibt es eine sehr dichte Gardine oder die Scheibe ist abgeklebt. Die braucht man eigentlich gar nicht, denn es wird sehr viel und ständig geraucht. Damit man überhaupt irgendwas in den dichten Nebelschwaden erkennt, gibt es meist Neonröhren oder eine entsprechend grelle Beleuchtung. Das Mobiliar ist praktisch und nicht schön, vielleicht hängt ein orientalisches Bild im Plastikgoldrahmen an der Wand und ein Wimpel von Fenerbahce oder Galatasaray steht auf dem Tresen. Oder gleich beide Wimpel.

Genau so war es auch in dem Café in der Weidengasse. Es waren ein paar ältere Männer da, im Anzug natürlich, die Zeitung lasen und Tee tranken, sich unterhielten oder spielten.

Wir näherten uns einem Tisch, an dem ein junger Mann mit zwei älteren Karten spielte. Wenn du mit einem Kamerateam irgendwo reinkommst, gucken alle natürlich erst einmal. Aber hier war es okay, denn in Köln ist es nicht so ungewöhnlich, dass mal jemand mit der Kamera unterwegs ist, und wenn auf der Kamera und auf dem Mikrofon dann auch noch ein WDR-Aufkleber ist, sind alle beruhigt.

Wir haben also kurz erklärt, dass ich Comedy mache, und haben gefragt, ob es okay ist, wenn ich etwas vortrage. Wir wollten wissen, wie es ihnen gefällt, was ich mache. Die drei haben nur mit den Schultern gezuckt, der jüngere hat genickt, die beiden älteren haben sich am Schnurrbart gekratzt und alle haben weiter Pişti gespielt.

Und ich habe meine Nummer »Liebesbrief« gespielt:

> Mit Romantik ist es bei uns Türken ganz anders als bei den Deutschen. Weil, das gibt es bei uns nicht.
>
> Ein Freund von mir, er war auch Animateur in Bodrum, er war verliebt in eine deutsche Frau: Helga.

Er wusste: Deutsche Frauen lieben Romantik, also wollte er was Romantisches sagen, so: »Schau mal, Helga, wie sich die rote Sonne im Wasser spiegelt. Kein Maler dieser Welt könnte diesen Moment festhalten. Dieser Anblick ist absolut vollkommen – so wie dein Gesicht!«
Und was hat er dann gesagt?
»Helga, look!«

Ja, Romantik ist sehr schwer für uns. Aber türkische Frauen wollen auch keine Romantik. Wenn du zu einer türkischen Frau sagst: »Schau mal, wie sich die rote Sonne im Wasser spiegelt«, dann sagt die: »Hey, was soll das? Gefallen dir meine Titten nicht?«

Deshalb sind unsere Liebesbriefe ganz anders. Ich hab hier mal einen Liebesbrief von einem Deutschen und von einem Türken ...

DEUTSCHER LIEBESBRIEF: Mein liebster Schatz, mein einziger Gedanke, mein heißester Traum, Erfüllung all meiner Wünsche!

TÜRKISCHER LIEBESBRIEF: Hallo!

Ich vermisse dich so sehr, dass ich es kaum in Worte fassen kann.

Und? Was geht ab?

Ich habe den ganzen Tag an dich gedacht und die ganze Nacht von dir geträumt.

Ey, wo warst du gestern?

Allein der Gedanke an dich hat mein Herz mit Glück und Freude erfüllt.

Ich habe gestern Türkei gegen Schweiz geguckt. Spiel war scheiße, aber Alpay war super.

Mit dir will ich alt werden, alle Gedanken und Gefühle teilen. Ich will mit dir ans Ende der Welt und wieder zurück. Und deshalb frage ich dich hiermit aus der tiefsten Tiefe meines Herzens: Willst du meine Frau werden?

Mama hat gefragt, warum wir nicht heiraten.

In ewiger Liebe ...

Hadi tschüss!

Dein süßes Schnuckelhamsterchen.

Dein gefährlicher Tiger.

PS: Mit Kindern sollten wir uns Zeit lassen.

PS: Ich will ein Kind machen. Hast du heute Abend Zeit? Ich bin in fünf Minuten da!

So sind wir Türken eben. Wir reden nicht lange herum um den heißen Brei. (Wieso das so heißt, wüsste ich auch gern. Wie soll man denn um Brei herumreden? Egal – wir Türken reden jedenfalls in den Brei hinein, egal ob heiß oder kalt.)

Während meines gesamten Vortrags haben die drei weitergespielt, ohne großartig eine Miene zu verziehen. Wobei ich schon gemerkt habe, dass mit dem jungen Mann irgendwas los war. Und richtig: Kaum war ich fertig, schmiss der seine Karten auf den Tisch, sprang auf und zischte mich so an, dass die anderen sich alle zu uns umdrehten: »Warum sagst du, dass wir Türken nicht romantisch sind, warum? Was soll das? Bist du überhaupt ein Türke?«

»Äh, ja, beruhige dich, Bruder, das ist doch nur …«, versuchte ich, ihn zu besänftigen, und auch Moritz wollte erklären, dass das nur eine Comedynummer ist, da wurde der richtig wütend: »Du hast gesagt, wir Türken sind nicht romantisch! Und Deutsche sind romantisch, oder was? Das ist das Allerletzte!«

»Was? Er sagt, wir sind nicht romantisch?«, fielen plötzlich die Männer an den anderen Tischen mit ein, auf Türkisch und auf Deutsch, und kamen bedrohlich näher, auch der junge Mann hatte sich schon das Hemd hochgekrempelt und ich war mir sicher, jetzt gibt's gleich was aufs Maul … Die drei vom WDR wollten sich unbemerkt in Sicherheit bringen, aber zwei riesige, tätowierte Typen mit stark gegeltem Haar verstellten ihnen den Weg zur Tür. Alle haben durcheinandergebrüllt, da hatte Moritz die rettende Idee: »Asso, meine Herrn, natürlich sind Sie romantisch, wenn ich mir Sie so ansehe, das steht ja außer Frage …«, imitierte er entschlossen, mit Doppelkinn, verdrehten Augen und einer originalgetreuen Stimme, unseren Altkanzler Kohl. Der Erste, der ihn wahrnahm, war der Junge, der den Streit angefangen hatte, er bedeutete den anderen, still zu sein. Und tatsächlich beruhigten sie sich und hörten Moritz zu, wie er über Pfälzer Saumagen, »Gechichte« und die deutsche Einheit schwadronierte. Sie boxten sich sogar gegenseitig in die Seite, um sich auf diesen komischen Deutschen aufmerksam zu machen, der sich in ihren Augen selbst veräppelte.

Der Journalist vom WDR fragte die Männer, warum sie darüber lachten. »Was finden Sie daran komisch?« Die Antwort kam wie aus der Pistole geschossen: »Keine Ahnung, aber er hat die Deutschen verarscht!«

Nie würde sich ein traditionsbewusster Türke über Türken lustig machen, aber Deutsche, die sich selbst verarschten, das war ja nun wirklich witzig! Wir hatten also herausgefunden, dass meine Sachen wahrscheinlich bei Türken – zumindest in den Kreisen, die im türkischen Männercafé verkehrten – nicht so wahnsinnig gut ankamen, aber wir beließen es bei dieser einen Studie und sahen zu, dass wir wegkamen.

Ich war einfach nur sehr, sehr froh und dankbar, dass wir unbeschadet aus dem Café herausgekommen waren, weil Moritz die Situation gerettet hatte. Er war ein Superheld und Comedy war, wie es aussah, eine Superkraft. Würde ich auch ein Superheld werden? – Vermutlich eher nicht im türkischen Männercafé, aber die türkische Community in Deutschland ist groß und inzwischen finden auch immer öfter mal Menschen mit türkischen Wurzeln ihren Weg in meine Shows. Und die können dann auch über sich selbst lachen.

Alohol

Aus Auftritten in gemischten Shows ergaben sich wieder neue Auftritte, aus denen wieder weitere Auftritte entstanden. So spielte ich ziemlich viel. Und ich trank. Davor, währenddessen und danach. Immer gerne mal drei, fünf Bierchen und auch mal einen Schnaps dazu. Und dann war ich ganz entspannt und locker auf der Bühne (danke, Animationsjob!).

Dem Ausländeramt hatte ich versprochen, dass ich bald Premiere mit einem ganzen Abendprogramm haben würde. Sowieso musste ich jedes Jahr beweisen, dass ich von meinen Auftritten leben konnte, und zum Glück war es überhaupt nicht schwer, denn ich verdiente inzwischen genug.

Nur Spaß machte es mir immer noch nicht so richtig. Es war okay, weil es mir leichtfiel und alles andere wahrscheinlich mit mehr Mühe verbunden gewesen wäre. Wenn auch meine Schwester Hülya und ihr Mann mir stets aufs Neue versicherten, dass ich gut war in dem, was ich tat, dachte ich doch immer: »Wenn ich erst mal eine unbefristete Aufenthaltserlaubnis habe, mache ich etwas anderes.«

Tischler hätte mir zum Beispiel gut gefallen. Ein Freund von mir war Schreinermeister und hatte seine Werkstatt rund sechzig Kilometer außerhalb Kölns, dorthin fuhr ich gern, um ihm zu helfen. Es tat gut, etwas mit den Händen zu machen, und ich stellte mich ganz geschickt an. Dort schliff ich Möbel ab, sägte und hämmerte und freute mich, wenn mein Kumpel mich für meine Arbeit lobte. Und obschon mir diese Arbeit viel mehr lag als Comedy, wie ich fand, war mir schon klar, dass ich mit einem einzigen Auftritt so viel verdiente wie er mit vierzehn Tagen Schreinerarbeit. Also zuckte ich mit den Schultern und blieb bei der Comedy, aus reiner Bequemlichkeit.

Ich war also ziemlich sorglos und unbekümmert und habe meinen Job nicht richtig ernst genommen. Das war für die Kolleginnen und Kollegen auch nicht so einfach. Für viele war Komiker zu sein ein großer Traum, der endlich in Erfüllung gegangen ist, für mich einfach nur etwas, mit dem ich leicht Geld verdienen konnte. Deshalb war es mir auch egal, wenn ich beschwipst irgendwo ankam. Ich war es einfach gewöhnt von meiner Zeit als Animateur, viel zu trinken, und die Zeit hinter der Bühne bei Mixedshows habe ich mir vertrieben, indem ich ein paar Bierchen gekippt habe. Warum auch nicht, ich konnte meine Nummern auch besoffen spielen. Dachte ich jedenfalls. Andere waren sich da nicht so sicher.

Und ich habe meine Lektion gelernt. Ich musste eine bittere Erfahrung machen, um zu kapieren, dass Comedy auch Disziplin erfordert.

Der Kollege Oli (ein anderer, nicht Pocher) präsentierte regelmäßig und in verschiedenen Städten Mixedshows, also Shows, in denen vier Kollegen und Kolleginnen ungefähr eine Viertelstunde für ihre Nummern Zeit hatten, er moderierte das Ganze. Er hatte Moritz für seine Show angefragt und dieser hatte zugesagt unter der Bedingung, dass ich dort auch einmal auftreten durfte. Ich war also zum ersten Mal zu Gast in seiner Show in Düsseldorf und während ich hinter der Bühne die Auftritte der Kollegen verfolgte und zu verstehen versuchte, warum die Menschen im Publikum lachten – und sie lachten viel –, genehmigte ich mir das ein oder andere Bierchen aus dem Backstagekühlschrank. Als ich dann dran war, war ich entsprechend locker. Dass man meinen Text nicht mehr so gut verstehen konnte, war mir nicht klar, für meine Begriffe machte ich alles wie immer. Gut, mir fielen vielleicht ein paar Überleitungen nicht mehr ein und ich brauchte eventuell auch etwas länger als eine Viertelstunde, weil ich das Gefühl hatte, manche Pointen doch noch ein paar Mal erklären zu müssen, aber im Großen und Ganzen war ich mit meiner Performance sehr zufrieden. Ja, ich hatte viel Spaß, aber leider nur ich, denn außer mir hat niemand gelacht – und ich habe es nicht bemerkt, weil ich mich immer noch fühlte wie in einem Club in der Türkei, wo ich Animation für die Touristen machte.

Oli war sehr enttäuscht. Es war klar, dass ich erst einmal nicht mehr in einer von Olis Shows auftreten dürfte.

Nach dieser Erfahrung habe ich endlich verstanden, warum meine Schwester Selda als ausgebildete Schauspielerin damals nicht an mich geglaubt hat. Und ich habe endlich kapiert, warum Hülya und Moritz gesagt haben, dass ich proben soll und meine Texte vor dem Auftritt noch mal wiederholen muss. Ich habe endlich verstanden, dass Comedy ein ernsthafter Job ist, dass man pünktlich sein muss, üben muss und nüchtern auf die Bühne gehen muss.

Nach diesem Auftritt hat Oli mich sieben Jahre nicht eingeladen. Aber nach dieser langen Zeit durfte ich doch wieder einmal bei ihm auftreten und es war ein ganz toller Auftritt. Danach fragte Oli: »Wie hast du das geschafft?«

Und ich antwortete: »Mit der Hilfe von Moritz und meiner Schwester!«

Wer bin ich?

Ich habe immer gerne getrunken, hatte viel Spaß dabei. Die Animation hat mir dabei geholfen. Manchmal aber habe ich, glaube ich, meine Grenze überschritten.

Eines Abends kam ich aus der Kneipe nach Hause und Bahar saß bei einem Tee in der Küche. Als ich mich zu ihr setzte, nahm sie meine Hände in ihre und sah mich mit so traurigen Augen an, dass ich schlagartig nüchtern war.

»Serhat, du weißt, ich liebe dich über alles, aber ich liebe nicht den betrunkenen Serhat.«

Ich guckte ihr direkt in die Augen, wischte ihre Tränen ab und fragte: »Und das macht dich traurig?«

»Ja.«

»Ab heute bin ich nie wieder besoffen.«

Und ich habe mein Wort gehalten. Ich war nie wieder besoffen. Außer wenn Fenerbahce gegen Galatasaray gewonnen hat.

Am Anfang, als ich Moritz noch nicht so gut kannte, schlug Hülya mir vor: »Geh doch mal mit Moritz in die Kneipe, da könnt ihr euch besser kennenlernen!« Sie war ganz aufgeregt, weil es ihr sehr wichtig war, dass wir beiden uns gut verstehen würden.

Ich hatte auch Lust, mit Moritz auszugehen, also rief ich Moritz an und er war sofort einverstanden. Wir trafen uns im *Piranha* und er fragte mich: »Möchtest du was trinken?« Ich sagte Nein. Er holte sich ein Bier und wir quatschten. Weil er mir das Kölner Nachtleben zeigen wollte, zogen wir bald um in die *Oper*. Dort fragte er mich wieder: »Möchtest du was trinken?« Wieder lehnte ich ab, er holte sich ein Bier und wir unterhielten uns richtig gut. Dann landeten wir im *Backes*. Dasselbe Spiel wie zuvor, er fragte mich, ich verneinte, er holte sich ein Bier, wir redeten. Natürlich habe ich mich die ganze Zeit gewundert und er sich sicherlich auch.

Nach diesem Abend rief meine Schwester mich ganz aufgeregt an: »Und, wie findest du ihn?«

Ich antwortete: »Er ist wirklich sehr nett, sehr sympathisch.«

»Moritz hat mir erzählt, du hast gar nichts getrunken! Er hat dich gefragt, aber du wolltest nicht. Warum denn nicht?«

»Natürlich wollte ich etwas! Aber er hat in jeder Kneipe nur einmal gefragt!«

Hülya musste lachen: »Serhat, das ist in Deutschland so. Man fragt und wenn der andere Nein sagt, dann glaubt man ihm!«

Komische Deutsche. In der Türkei ist es so: Ich hätte Moritz gefragt, ob er etwas trinken möchte. Und wenn er Nein gesagt hätte, hätte ich noch mal gefragt, ob er wirklich nichts trinken wollte.

Und wenn er dann gesagt hätte: »Nein, danke, ich möchte wirklich nichts trinken!«, hätte ich (und jeder andere normale Türke) gesagt: »Du beschämst mich, wenn du von mir kein Getränk annimmst, es kann doch nicht sein, dass deine Kehle nicht trocken ist!« Und Moritz hätte vielleicht gesagt: »Das ist sehr nett von dir, danke, aber ich habe einfach keine Lust, etwas zu trinken. Ich bin nicht durstig!«

Und der Türke in mir hätte aber darauf bestanden: »Quäle mich nicht weiter, ich achte deine Bescheidenheit und höre doch, dass deine Stimme so schwach ist, weil du zu lange keinen Tropfen durch deine Kehle hast rinnen lassen. Ich kann nicht anders, als dir etwas zu trinken mitzubringen, mein geliebter Bruder, bitte sag mir, was du möchtest, und wenn es nur ein winziges Gläschen Wasser ist, zögere nicht, mir die Freude zu machen, es dir bringen zu können!«

Und das wäre noch etwa dreißig Mal hin und her gegangen.

Nach diesem Erlebnis in den Kölner Kneipen hatten Moritz und ich uns dann darauf geeinigt, dass wir uns in Zukunft fragen, ob es ein deutsches oder ein türkisches Nein ist, wenn einer von uns Nein sagt. »Türkisches Nein« bedeutet dreißigmal nachfragen. Es klappt ganz gut inzwischen.

Genauso seltsam wie ein deutsches Nein finden wir Türken es eigentlich, wenn man gemeinsam essen geht, aber getrennt bezahlt. »Alman hesabı!« heißt das. »Deutsche Rechnung!« Aber selbst die fand ich inzwischen auch nicht mehr komisch. Es war für mich normal geworden, dass man getrennt bezahlte!

Ja, ich hatte mich verändert. Das bekam ich besonders zu spüren, als ich noch mal für vier Wochen in der Türkei Urlaub machte.

Ich lebe jetzt acht Jahre in Deutschland.
Manchmal denke ich, ich werde mich nie in die deutsche Kultur integrieren. Ich trinke immer noch türkischen Tee und ich mag Bauchtanz immer noch lieber als Polonaise.

Aber es gibt auch Momente, wo ich merke: Serhat, du hast dich ein bisschen verändert. Zum Beispiel denke ich jetzt: »Im Urlaub fliege ich in die Sonne.«
Früher in der Türkei habe ich immer gedacht: »Im Urlaub geh ich in den Schatten.«

Neulich bin ich nach langer Zeit wieder in die Türkei geflogen. Ich muss ehrlich sagen: Ich habe die Türkei vermisst. Nicht nur die Sonne – auch meine Freunde. Und meine Kultur ...

Mein Kumpel Hasan hat versprochen, mich am Flughafen abzuholen. Ich bin um 18 Uhr 11 gelandet. Hasan kam um 20 Uhr 19.
Ich war richtig sauer: »Ey, Hasan, was soll das? Ich warte hier schon zwei Stunden! Findest du das normal?«
Hasan schaute mich sehr überrascht an: »Ey, bist du Arschloch geworden oder was?!«

Wir sind dann in die Stadt gefahren.
»Hasan?«
»Ja?«
»Hier sind nur 50 erlaubt.«
»Ja und?«
»Aber du fährst 80.«
»Ja und?«
»Äh ... nichts ... Ist mir nur so aufgefallen ... Also, es stört mich eigentlich auch gar nicht. Der eine hält sich an die Verkehrsregeln, der andere nicht. Da muss man tolerant sein ... Äh, Hasan?«
»Ja?«
»Du hast gerade 'ne Taube überfahren, aber das soll jetzt keine Kritik sein. Ich wollte nur fragen: Du siehst doch, dass da hinten 'ne rote Ampel kommt?«
»Ja klar. Warum?«
»Also, es ist nicht so wichtig ... Es ist nur so ... Ich finde, dass du ... vielleicht ... jetzt mal bremsen musst ... Hasan, du musst bremsen. Hasan! Hasan! HASAAAAAAAAN!!!

... Puh! Oh Mann, das war knapp ... Ey, Hasan, bist du bescheuert? Wir wären fast gestorben!«
»Serhat, was ist los mit dir? Bist du nicht mehr locker oder was?«

Dann haben wir uns in ein Café gesetzt, direkt ans Meer. Ich so: »Guck mal, Hasan ... Wie sich die rote Sonne im Meer spiegelt ... Das ist so romantisch ...«
Hasan wurde blass: »Serhat, wenn du Arschloch geworden bist, okay. Wenn du nicht mehr locker bist, auch okay. Aber schwul???«

Dann ist Hasan mit mir in einen Tabledance-Club. Komisch, früher war ich immer gerne da, aber jetzt dachte ich: Tabledance – das ist doch irgendwie sexistisch ...
»Sag mal, Hasan – bist du nicht verheiratet?«
»Ja und?!«
»Aber das hier ist ein Tabledance-Club.«
»Ja und?!«
»Ich meine ... was sagt denn deine Frau dazu?«
»Ey, du hast recht. Ich schreib ihr schnell 'ne SMS, dass ich 'ne wichtige Besprechung hab.«
»Aber das ist eine Lüge.«
»Ja, ist doch normal.«
»Und warum?«
»Frag nisch so blöd.«
»Und warum?«
»Weil isch keine Lust hab, das zu erklären.«

»Und warum?«

»Weil Ehe ist halt so. Der Mann lügt, die Frau lügt, beide sind glücklich.«

»Und warum?«

»Weil wenn einer die Wahrheit sagt, sind alle sauer und bringen sich um.«

»Und warum?«

»Weil niemand korrekt ist.«

»Und warum?«

»Weil alles, was Spaß macht, ist nicht korrekt.«

»Und warum?«

»Ey, Alder, wenn du noch einmal ›Und warum?‹ sagst, mach isch mit deiner Mutter das komplette Kamasutra!«

...

»... und warum?«

»Warum? Warum? Warum? Was soll das? Ich sage dir, warum: Weil ich Leute nicht mag, die dauernd ›Warum?‹ fragen. Weil ich es hasse, jede Sekunde auf die Uhr zu gucken. Weil ich über eine rote Ampel fahren will, ohne dass du mich wahnsinnig machst. Weil mein bester Freund nicht sagen soll, dass die Scheißsonne romantisch ist! Ey, Alder, bist du überhaupt noch ein Türke?«

»Oh nein! Ich habe mich in Deutschland integriert. Ach du Scheiße!«

Tatsächlich wusste ich gar nicht mehr, wer ich eigentlich war. Ich grübelte viel und konnte nicht mehr richtig schlafen. War ich nun ein Türke oder ein Deutscher? Fühlte ich wie ein Deutscher oder wie ein Türke und wenn ja, wie fühlte denn ein Deutscher oder ein Türke?

Völlig durcheinander ging ich in Köln zu einem Psychotherapeuten, den meine Schwester mir empfohlen hatte. In Deutschland, ich weiß, ist es ganz normal, fast schon hip, zum Therapeuten zu gehen, in der Türkei würdest du das niemandem erzählen. Niemals! Und außer meiner Schwester und meiner Frau habe ich das auch niemandem erzählt. Alle würden denken, ich hätte ein Problem. Klar hatte ich auch ein Problem, aber trotzdem erzähle ich das doch niemandem! Schon gar nicht einem wildfremden Therapeuten. Dachte ich. Aber weil ich so durcheinander war und weil meine Familie mir zugeraten hat, bin ich da hingegangen.

Erst hatte ich überlegt, ob ich mich verkleiden und mir einen Schnurrbart ankleben soll, aber dann hätte ich noch türkischer ausgesehen und vielleicht hätten mich dann auch Leute erkannt, die mich gar nicht kennen. Hä? Genau so habe ich auch reagiert auf meine seltsamen Überlegungen. Leute, ich war wirklich sehr durcheinander! Ich meine, man erwartet von mir in Deutschland doch die ganze Zeit, dass ich mich integriere, und wenn ich dann in der Türkei bei meinen Freunden bin, erwarten die, dass ich der alte Serhat bin, und wundern sich, wie ich mich verhalte, und mögen mich nicht mehr!

Der Therapeut, Herr M., hatte seine Praxis zum Glück im selben Haus wie ein Zahnarzt, ich habe mir also eine Kartoffel in den Mund gesteckt, sodass es aussah, als hätte ich eine sehr dicke Wange. Als ich sah, dass niemand vor der Tür zur Zahnarztpraxis stand, bin ich schnell weitergehuscht in die nächste Etage zum Psychotherapeuten. Allah, Allah, dass es so weit mit mir kommen würde! Dass ich schon so deutsch war, dass ich so etwas machte! In der Türkei dagegen wusste man gar nicht, dass es so etwas wie Psychotherapie überhaupt gab! Wenn man ein Problem hatte, betrank man sich und fertig. Das hatte ich ja nun auch schon mehrfach versucht, aber das komische Gefühl ging davon einfach nicht auf Dauer weg. Der Therapeut trug einen türkischen Nachnamen, davon erhoffte ich mir, dass er meine Sorgen besser verstehen konnte.

Komisch, als Herr M. mich begrüßte, sah er wie ein ganz normaler Mensch aus! Er hatte keinen weißen Kittel an und kein Stethoskop in der Hemdtasche. Er trug Jeans und ein hellblauer Hemdkragen lugte unter seinem grauen Pulli hervor. Er sah freundlich aus, eventuell würde ich dem sogar etwas erzählen.

Er gab mir die Hand: »Guten Tag, Herr Dogan! Schön, dass Sie hergekommen sind. Erzählen Sie mal: Wer sind Sie?«

Das war ja gerade das Problem, das wusste ich ja selbst nicht! Das sagte ich ihm dann auch.

Er nickte und fragte mich dann ganz konkrete Sachen, die ich einfacher beantworten konnte. Wo ich geboren war und wer meine Eltern sind und ob ich Geschwister habe und wo ich aufgewachsen bin … All das, was ich euch schon erzählt habe, habe ich ihm auch erzählt, und dann war die Stunde auch schon vorbei und ich sollte nächste Woche wiederkommen.

Obwohl ich eigentlich fremde Leute gar nicht so gerne mit dem behellige, was mit mir los ist, war es bei Herrn M. gar nicht schwierig, er war so freundlich und so interessiert, ich konnte mir sogar vorstellen, mal mit ihm in eine Shishabar zu gehen, ich schwör! Er war selbst auch in Deutschland geboren, aber dann hiergeblieben.

Ich musste gar nicht oft zu ihm gehen, weil es mir schnell besser ging. Und ich kapierte: Ich muss mich gar nicht entscheiden, wer ich bin, ein Türke oder ein Deutscher. Ich bin Serhat – und das reicht. Ein bisschen türkisch, ein bisschen deutsch, ich kann beides sein. Und das ist gut. Ich habe meinen Frieden damit gemacht.

Ich fühle mich integriert und wohl in Deutschland. Ich bin halb Türke, halb Deutscher und es geht mir sehr gut damit.

Außer mit deutschen Emotionen. Wenn jemand fragt: »Wie geht's dir?«, und der andere antwortet: »Och ja.« – Och ja! Diese Antwort mach mich wahnsinnig! Oder wenn jemand sagt: »Ich habe Pipi in den Augen.« Ich denke immer: »Leute, das kann kein Zeichen für starke Emotionen sein, nein, das ist eine Krankheit!« Sorry, aber ich frage mich immer wieder, wie kann man Pipi in den Augen haben? In der Türkei ist es so, wenn du sagst: »Ich habe Pipi in den Augen!«, dann bist du pervers!

Und noch etwas passierte in der Folge: Allmählich begannen meine Auftritte, mir sogar richtig Spaß zu machen.

Gastarbeiter?

Es stand mal wieder eine Mixedshow an, Oli war der Moderator. Ja, liebe Leserinnen und Leser, tatsächlich durfte ich nach der »Schande von Düsseldorf« regelmäßig wieder in Olis Shows auftreten. Ich freute mich darüber. So sehr, dass ich mir vor der ersten Show erst mal ordentlich einen reingelötet habe.

Quatsch, natürlich nicht! Das damals war mir echt eine Lehre und außerdem trinke ich mittlerweile eh kaum noch etwas. Ich freute mich also auf super Kollegen und eine nette Bühne, diesmal in Frankfurt.

Ihr müsst wissen, hinter der Bühne geht es meist sehr lustig zu und auch wenn ich mich da manchmal ein bisschen zurückhalte und in meiner Garderobe bleibe, mag ich doch die Stimmung backstage ganz gerne. Es wird viel gelacht. Sehr, sehr viel. Gut, wenn wir mehrere Shows miteinander spielen, also über mehrere Tage, dann wird es irgendwann schon auch ruhiger und alle sitzen da und starren auf ihre Handys. Aber eigentlich gibt es auch immer viel zu erzählen, die Kollegen unterhalten sich über Filme oder Serien, die sie gesehen haben, und über amerikanische Comedians. Ich kenne die meisten nicht, aber wenn dann über ihre Nummern gesprochen wird, finde ich die oft auch lustig. Manchmal versuche ich dann, über türkische Komiker zu erzählen, aber die kennt dann überhaupt keiner. Es sind auch Komiker aus meiner Kindheit, mit denen heute auch kaum ein Türke noch etwas anfangen kann. Aber manchmal bin ich nicht der Einzige mit Migrationshintergrund (ich denke immer, das ist so etwas wie eine Art Bühnenbild, das ich immer mit mir herumtrage, dieser Hintergrund) und wenn der andere dann aus der Türkei ist, freue ich mich, mit ihm ein bisschen Türkisch reden zu können und Erfahrungen auszutauschen. Aber häufig bin ich doch der »Quotenausländer«.

Jetzt war ich also in Frankfurt und die Show ging los und ich saß ein bisschen hinter dem Vorhang und hörte zu, weil ich zwei der Komiker nicht kannte und neugierig war, was sie so machten, und hoffte, dass sie nichts Ähnliches machten wie ich, sonst musste ich mein Set umstellen. Das passiert manchmal, wenn etwa jemand anderes auch etwas über den Hund seiner Exfreundin macht, dann möchte ich das nicht auch machen. Ich war an dem Abend der »Headliner«, also ich kam ganz am Schluss, was eine Ehre ist, denn mir wird zugetraut, ganz am Schluss, als Höhepunkt des Abends sozusagen, noch mal richtig »das Ding zu rocken« – so sagen vor allem junge Kollegen.

Am Ende dran zu sein, also »den Sack zuzumachen« (das ist nichts Sexuelles, das hab ich ziemlich schnell gelernt), bringt natürlich auch eine Verantwortung mit sich, alle Kollegen können entspannt zugucken und das Publikum erwartet noch mal das Sahnehäubchen.

Wie bei einem Konzert wohl der größte Hit der Band als allerletzte Zugabe kommt, damit das Publikum gut gelaunt nach Hause geht. Ich war also an diesem Abend das, was »Take On Me« für *A-ha*, »La Bamba« für *Los Lobo*s und »Back for Good« für *Take That* war. Ja, das sind alles alte Songs, aber in den aktuellen Charts kenne ich mich leider nicht aus, also müssen diese Vergleiche reichen.

Mein Set, also die Nummern, die ich für meine zwanzig Minuten ausgesucht hatte, mochte ich sehr gerne und sie waren ein Stimmungsgarant. Obschon ich inzwischen wusste, dass es echte, immer hundertprozentige Garanten nicht gibt. Manchmal geht man siegessicher raus, baut die Stimmung auf und steuert geradewegs auf den EINEN Gag zu, von dem man weiß, bei dem werden sie ausflippen, sich nackig machen und auf den Stühlen tanzen, mit brennenden Haaren. Und man selbst kann in der Zwischenzeit in aller Ruhe etwas Wasser trinken, sich noch mal räuspern, nach hinten gehen und schon mal zusammenpacken, die Herr-der-Ringe-Trilogie lesen und die Highlights der letzten Fenerbahce-Saison analysieren, um dann, wenn das Publikum sich einigermaßen beruhigt hat, gemütlich wieder rauszugehen und noch einen draufzusetzen.

Wenn man sich dessen aber zu sicher ist, kann es sein, dass es anders kommt. Und plötzlich ist man raus, weil man nach dem Mördergag einfach weitermachen muss, und das Programm ist viel kürzer als eigentlich geplant und man fragt sich, woran es nur gelegen haben kann. Und das, liebe Leute, erfährt man NIE. Man kann sich alles Mögliche überlegen, vielleicht hat man den Auftritt sogar aufgezeichnet und guckt ihn sich wieder und wieder an, sucht nach einem Videobeweis, warum ausgerechnet dieser brillante, todsichere Gag heute nicht angekommen ist, man überlegt: »Hab ich genuschelt? War etwas mit meinem Timing? Ist die Tonanlage ausgefallen? Konnten die Leute im Publikum kein Deutsch?«, und man kommt einfach nicht drauf. Und man wird es nie erfahren. Das alles ist mir aber normalerweise ziemlich schnell ziemlich egal. Ich mache meinen Job, weiß, dass ich gut bin, und wenn dann etwas nicht so gut läuft, finde ich es schade, freue mich aber aufs nächste Mal.

Aber dieser Auftritt in Frankfurt war anders. Meine Gags zündeten, die Leute freuten sich, es war beinahe ein richtiges Fest. Aber ganz vorne (solche Typen sitzen IMMER ganz vorne) saß ein Typ, der immer wieder reingequatscht hat. Ich habe ihn nach seinem Betreuer gefragt und ob er seine Tropfen nicht genommen hat, das kann man machen, wenn man merkt, dass die umsitzenden Leute auch von ihm genervt sind. Und den Eindruck hatte ich ganz deutlich. Sie haben zum Teil schon »Psst!« gezischt in seine Richtung. (Was anderes wäre gewesen, wenn nur ich selbst genervt gewesen wäre. Da sollte man von der Bühne aus lieber nichts sagen, sonst kommt man überheblich rüber.)

Der Typ hörte nicht auf und plötzlich verstand ich, was er rief: »Lern erst mal Deutsch!« und Ähnliches tönte er in meine Richtung. Mein Herz drohte, stehen zu bleiben. Ich war wirklich sehr erschrocken. »Knoblauchfresser!«, hörte ich. Bleib ganz ruhig, Serhat, das ist sein Problem, nicht deins, sagte ich zu mir und versuchte, mich auf meinen Text zu konzentrieren. Seine Pöbeleien gingen weiter und im Publikum wurden Leute auch lauter und forderten ihn auf zu gehen. Da war zum Glück mein Set zu Ende und ich konnte nach hinten. Ich war sehr, sehr traurig, auch wenn die Leute wirklich besonders laut applaudierten und sogar rhythmisch klatschten. Oli ging auf die Bühne, bedankte sich bei den Leuten und sagte, dass so ein Verhalten wie das von dem Typen gar nicht gehe und dass wir alle Menschen respektieren, egal woher sie kommen, wie sie aussehen und wen sie lieben und woran sie glauben. Da klatschte das Publikum noch mal frenetisch.

Währenddessen versuchten mich meine Kollegen zu trösten, aber ich wollte mich am liebsten unsichtbar machen. Ich war noch nie, nie im Leben so ausländerfeindlich angegriffen worden und diese Erfahrung war einfach schrecklich. Was hatte ich dem Mann getan, warum war er so ein Idiot und hatte mich so beleidigt? Ich konnte es überhaupt nicht fassen.

Oli wollte uns alle noch mal mit einer kleinen Zugabe nach vorne holen, aber ich konnte nicht und das sagte ich ihm auch und er verstand das. Ich hörte, wie er es dem Publikum erklärte, und die Menschen klatschten noch mal für mich und buhten den Mann aus, der sich so schlecht verhalten hatte.

Nach der Show redeten alle Kollegen, auch Oli, auf mich ein und erzählten mir von ihren Erfahrungen mit komischen Leuten im Publikum und baten mich, mir das nicht so zu Herzen zu nehmen. Das war leichter gesagt als getan. Allah, Allah, ich war tief verletzt. Was fiel diesem Typen nur ein?

Ein Kollege hatte ihn sich vorgeknöpft und kam mit einem Grinsen im Gesicht zu mir: »Serhat, du wirst es nicht glauben! Der Mann, der dich da eben so gedisst hat, das ist kein Deutscher! Das ist ein Holländer!« Ein Holländer! Selbst Ausländer, aber sich über einen anderen Ausländer lustig machen und den fertigmachen!

Was für ein seltsames Land war das, in dem ich da gelandet war, wo sich alle gegenseitig fertigmachten! Stopp: Nicht alle. So gar nicht alle. Das war das erste und letzte Mal, dass ich solch eine Erfahrung machen musste. Und dann passierte noch etwas Schönes: Als ich mit den Kollegen zum Hotel gehen wollte, hielt mich ein Mann aus dem Publikum auf. Er entschuldigte sich für den üblen Störer, erklärte mir, wie leid es ihm tue und dass er und alle Umsitzenden versucht hätten, den Typen zum Schweigen zu bringen. Dann wünschte er mir von Herzen alles Gute! Glaube ich jedenfalls, ich habe ihn nämlich nicht verstanden. Er hatte nämlich auch einen Migrationshintergrund. Er war Sachse. Ich mag Sachsen. Deswegen habe ich ja auch ein paar Witze über Sachsen in meinem Programm.

Damenwahl

Einmal spielte ich im *Schmidt Theater* in Hamburg in der Wintergala, sechs Wochen lang mit verschiedenen Kollegen und Kolleginnen aus den unterschiedlichsten Bereichen, ein Jongleur war dabei, eine Bauchtänzerin, ein Zauberer, eine Sängerin und noch eine Komikerin. Eigentlich war es ganz schön, mal mehrere Wochen am Stück in einer Stadt zu sein, noch dazu in einer so schönen Stadt wie Hamburg und mit netten Kollegen.

Samstag, 13. Mai 2006, 17 Uhr:
Mein erster Tag in Hamburg.
Ich mache eine Hafenrundfahrt. Weil es in Deutschland so wenig Meer gibt, werden alle Schiffe hier an einem Ort zusammengequetscht. Wie schade!

18 Uhr: In der Speicherstadt sehe ich eine riesige Baustelle: Bauen sie ein Haus für ein Orchester. Ich verstehe das nicht: In der Türkei, wenn du Musik machen willst, nimmst du einfach deine Instrumente mit in die Kneipe. In Deutschland bauen sie dafür ein riesiges Haus. Tja. Aber wenn ich wiederkomme, ist das bestimmt schon fertig. Toll, diese deutsche Ingenieurskunst!

23 Uhr: Ich checke in meinem Hotel ein. Es heißt *Hotel Atlantic*. An der Hotelbar sehe ich einen Mann mit Hut und Brille. Spielt mit einer Hand Klavier und trinkt mit der anderen Hand Eierlikör. Singt nicht schlecht, aber die Aussprache ist leider sehr undeutlich.
Ich sage ihm: »Sie haben sehr viel Talent, aber wenn Sie Ihre Aussprache nicht verbessern, wird das nichts mit der Musikkarriere.«
Trotzdem klopfe ich ihm auf die Schulter und stecke ihm zehn Euro zu. Talent muss schließlich gefördert werden.

23 Uhr 30: Komme in St. Pauli an. So viele Kneipen! Hamburg gilt ja als »Venedig des Nordens«. Ich würde eher sagen: Disneyland für Alkoholiker.

Ich habe gehört, in St. Pauli gibt es sehr viele Dealer. Vor einer Kneipe steht ein Mann und sagt zu mir: »Moin moin.«
Ich frage: »Ist Moin moin eine chinesische Droge?«
Der Mann meint: »Wenn Sie Drogen suchen, fragen Sie mal auf der Reeperbahn.«
»Reeperbahn? Ich habe davon gehört, aber nehme immer die Deutsche Bahn.«
Der Mann lacht. Ich weiß nicht, warum, aber ich freue mich, dass mein Humor in Deutschland so gut ankommt.

Auf der Reeperbahn, nachts um halb eins:
Ich habe gelernt: Die Reeperbahn ist keine Bahn, sondern eine Straße. Komisch ... Überall blinken bunte Lichter und Leuchtreklamen.
Ich sehe ein Schild: »Tabledance«. Toll, bei türkischen Hochzeiten tanzen wir auch gerne auf dem Tisch, also gehe ich rein.
Drinnen hängt eine nackte Frau an einer Metallstange. Ich denke: Mein Gott, ist die besoffen! Der Wirt hat bestimmt schon die Polizei gerufen.
Eine Frau in Unterwäsche kommt zu mir und fragt mich, ob ich ihr einen Drink spendiere. Ich denke: Entweder hat Hamburg ganz andere Traditionen oder das ist ein Bordell.
Dann erfahre ich: Die Reeperbahn ist der größte Puff von Deutschland. Ich dachte bisher, das ist RTL 2.

2 Uhr 40: In einer ganz normalen Kneipe lerne ich eine blonde Frau kennen. Sitzt neben mir an der Theke und heißt Olivya. Ist sehr attraktiv, aber ihre Stimme ein bisschen tief. Vielleicht hat sie sich erkältet. Als sie aufsteht, merke ich: Sie ist so groß, die kann einer Giraffe von oben den Kopf kraulen.

5 Uhr 30: Komme zurück zum Hotel. An der Bar sitzt immer noch dieser Musiker mit Hut. Er spielt zwar nicht mehr Klavier, trinkt aber immer noch Eierlikör.

Ich bin sauer auf ihn, weil er meine zehn Euro bestimmt versoffen hat. Schade, aber ich glaube, aus dem wird nie etwas.

Von Hamburg nach Köln jedes Mal nach der Show nach Hause zu fahren, war dann doch etwas weit und außerdem spielten wir ja jeden Tag, sonntags sogar zweimal. Natürlich vermisste ich in dieser langen Zeit meine Frau, aber sie hatte vor, sich irgendwann ein paar Tage freizunehmen und mich zu besuchen.

Das *Schmidt Theater* liegt ja auf der Reeperbahn, wie ihr vielleicht wisst. Und auf der Reeperbahn und in den umliegenden Straßen gibt es Möglichkeiten, die es so in der Stadt sonst nicht gibt … Richtig, es gibt sehr viele Imbissbuden und Schuhgeschäfte mit Damenschuhen für Frauen mit extrem großen Füßen. Und Geschäfte mit Hundeleinen und Peitschen und so für Kutschfahrer und viele Kostümgeschäfte. Ich habe mir das alles natürlich noch nie so genau angesehen, ich verkleide mich nicht so gern und habe weder eine Kutsche noch einen Hund.

Wenn man sechs Wochen lang immer wieder denselben Weg vom Hotel zur Arbeit, also zum Theater, geht, geht man automatisch immer wieder an denselben Leuten vorbei. Wenn da welche rumstehen. Und wenn der Weg die Reeperbahn entlangführt, stehen da immer Leute rum. Na ja, nicht Leute, sondern Frauen. Mit Moonboots und sonst nicht viel an. Und wir Künstler sind immer an den Frauen vorbeigekommen und die ersten Tage fragten sie immer wieder: »Na, Süßer, hast du Lust?« Und irgendwann haben wir gesagt: »Hey, Mädels, wir arbeiten auch hier auf dem Kiez.« So kamen wir ins Gespräch und haben sie eingeladen, sich doch die Show anzugucken, aber sie konnten nicht, sie mussten arbeiten. Nach ein paar Tagen kamen sie dann nach der Show, als wir im Foyer des *Schmidt Theaters* noch saßen und etwas tranken. Und dann haben wir immer wieder mal mit den Ladys geredet und ein Bierchen zusammen getrunken, sie haben sich ein bisschen aufgewärmt im Foyer.

Es hat Spaß gemacht mit den Kollegen, wir waren eine gute Truppe, aber nach drei Wochen vermisste ich meine Frau ganz schön und freute mich, dass wir die Hälfte der Zeit geschafft hatten. Bahar konnte sich den Montag freinehmen und hat mich in Hamburg überrascht! Es klopfte an der Hoteltür und sie stand vor mir. Ich hab mich sehr gefreut und weil sie die Show sehen wollte und ich losmusste, brachen wir schon bald gemeinsam auf zum Theater. Auf dem Weg rief Melanie von der anderen Straßenseite: »Hallo, Serhat!«, und ich antwortete ihr: »Hallo, Melanie! Neue Moonboots?«

»Ja! Gefällt dir die Farbe?«

»Ist super!«

Bahar guckte mich fragend an, während wir uns immer mehr dem Theater näherten.

»Huhu, Serhat!«, rief Angela, sie war Halbitalienerin, sah aber ein bisschen unserer ehemaligen Kanzlerin ähnlich. Ich grüßte zurück. Bahars Miene wurde finsterer.

»Ah, guck mal, da vorne ist Nesrin, sie kommt auch aus Izmir!« Ich grüßte Nesrin.

»Nesrin heißt sie? Wilde Rose?«, fragte Bahar und presste nickend ihre Lippen aufeinander, bevor sie zischte: »Was hast du in den letzten drei Wochen hier gemacht?«

Ich zuckte mit den Schultern und guckte unschuldig: »Na, gearbeitet!«

»Gearbeitet. So nennt man das also. Richtig hart gearbeitet, scheint mir!«

»Aber das weißt du doch, mein Frühling, jeden Abend und sonntags sogar zweimal!«

»Sonntags zweimal? Bist du dir sicher, nur sonntags?«, presste sie hervor.

»Aber ja! Guck doch ins Programmheft. Ich gebe dir eins, wir sind gleich da, dort vorne ist das Theater!«

»Ich brauche kein Programmheft, Schatz, ich hab schon verstanden, dass du hier sehr hart gearbeitet hast.«

»Ja, war wirklich sehr hart, Schatz.«

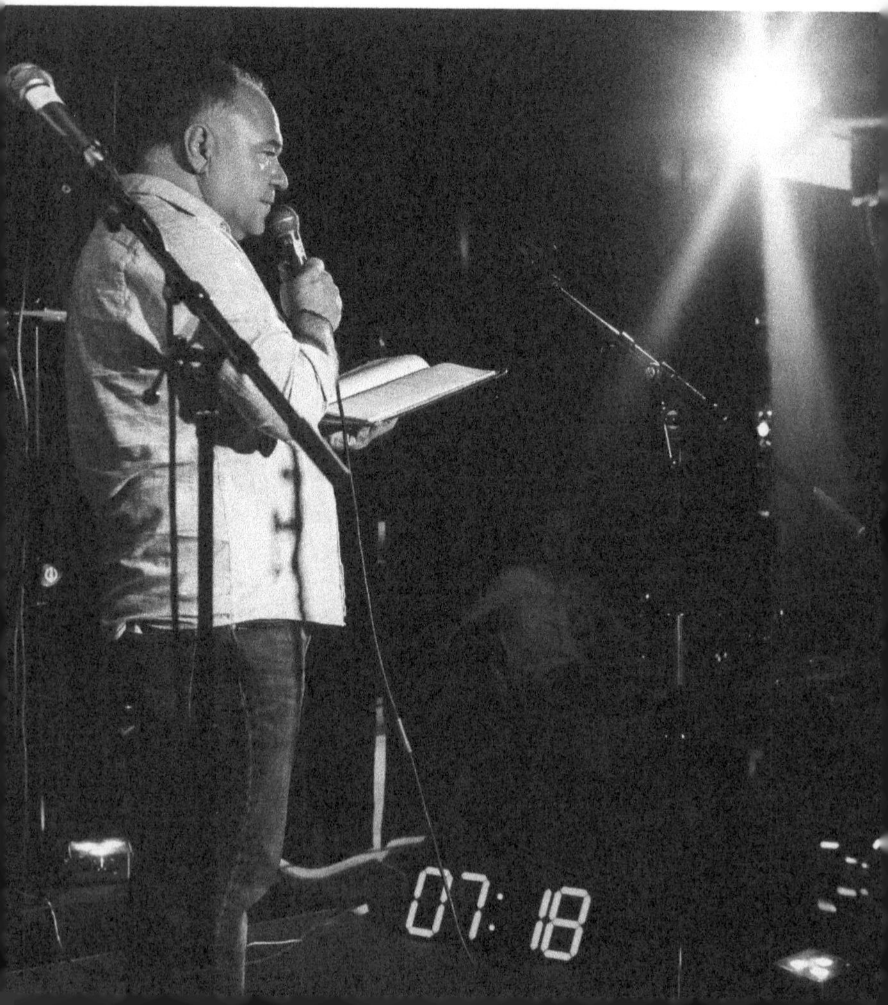

Messefieber

Mein erstes komplettes Abendprogramm hieß »Danke, Deutschland!« und das meinte ich auch so. Ich war und bin wirklich sehr dankbar, dass ich hier sein darf, und fühle mich sehr wohl. Im selben Jahr, als mein erstes abendfüllendes Programm Premiere hatte, bekam ich vom Ausländeramt meine Niederlassungserlaubnis. Das war eine Freude! Und als ich es dann drei Jahre gespielt hatte, bekam ich auch endlich meinen deutschen Pass. Ich hatte es geschafft! Ich war ganz und gar angekommen und angenommen.

Und als ich »Danke, Deutschland!« sechs Jahre gespielt hatte, habe ich zu Moritz und Hülya gesagt: »Ich möchte jetzt etwas anderes machen. Ich habe jetzt so lange gespielt und ich bin mir immer noch nicht sicher, ob es das Richtige für mich ist. Gut, ich bin, wie man so sagt, ›erfolgreich‹ damit, aber vielleicht sollte ich doch lieber eine Schreinerlehre machen.«

Die beiden waren bestürzt. »Du musst unbedingt weitermachen! Du bist *so* gut! Du hast wirklich Talent!« Da war es wieder, dieses seltsame Wort, unter dem ich mir immer noch nicht so richtig etwas vorstellen konnte. Ich machte doch nur meine Arbeit, verdammt!

»Du musst unbedingt ein zweites Programm spielen. Und ein drittes! Ich habe so viele Ideen für dich, Bruder!« Moritz war ganz enthusiastisch. Er erklärte: »Du machst das so authentisch, du gehst nicht – wie so viele andere – auf die Bühne, um geliebt zu werden, sondern du machst es einfach. Die Leute lieben dich, weil du so uneitel bist und nicht von Ehrgeiz zerfressen, du bist bescheiden und sympathisch!«

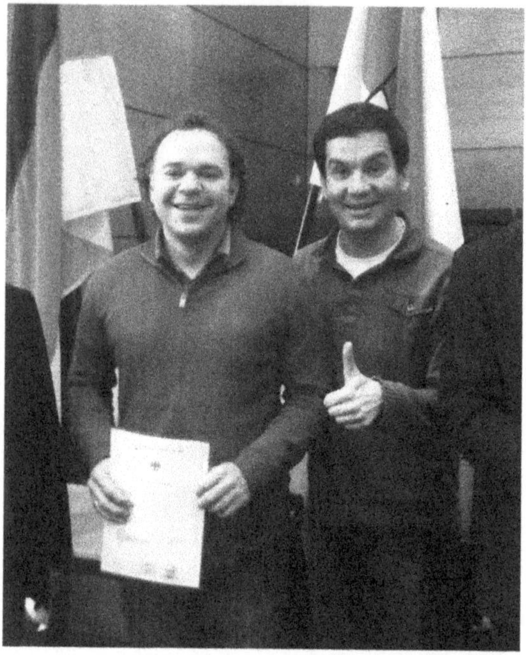

Natürlich habe ich mich über das viele Lob gefreut und ich habe ja auch im Laufe der Zeit gemerkt, dass die Leute wirklich mögen, was ich auf der Bühne mache. Ich bringe sie zum Lachen und das ist natürlich schon etwas Tolles. Inzwischen habe ich auch ein bisschen mehr über deutschen Humor gelernt. Anfangs fand ich eher türkischen Humor unter der Gürtellinie gut, aber inzwischen glaube ich zu wissen, was Deutsche lustig finden. Deshalb erzähle ich auch immer wieder etwas, was mir selbst passiert ist. Oder wenn meine Frau etwas Lustiges gesagt hat. Und wenn es gut ankommt, dann erzähle ich es beim nächsten Mal vielleicht wieder. Also habe ich erst einmal weitergemacht. Und Moritz hat mir noch zwei weitere Programme geschrieben: »Kückück – ein Türke sieht schwarz, rot, gold« und »Glücklicher Türke aus Bodenhaltung«.

Wie aber bekommt man die Gelegenheit aufzutreten?

Es gibt verschiedene Möglichkeiten, an Auftritte zu kommen. Bei mir läuft vieles über Mundpropaganda, jemand fand mich lustig und empfiehlt mich weiter oder jemand fand mich schlecht und empfiehlt mich an einen Verwandten. Oder ich habe irgendwo schon einmal gespielt und werde dann mit einem neuen Programm wieder eingeladen. Und es gibt die Möglichkeit, in Freiburg auf der Kulturbörse Werbung für sich zu machen. Zu dieser Messe für Kleinkunst kommen Veranstalter aus ganz Deutschland, Österreich und der Schweiz – und Bayern. Es gibt Kurzauftritte, wo man fünfzehn Minuten spielt, und Veranstalter, die einen nicht kennen, können einen Eindruck bekommen von dem, was man macht. Es sind Künstler aus allen möglichen Bereichen in Freiburg: Zauberinnen, Artisten, Pantomiminnen, Puppenspieler, Jongleurinnen, Musiker, Clowninnen, Kabarettisten und Komikerinnen und – in diesem Jahr – ich. Es ist eigentlich ganz schön, dort herumzulaufen und lauter verkleidete Leute zu sehen, auf Stelzen und in riesigen Dinosaurierkostümen, Walkacts (also verkleidete Künstler, die keine feste Bühne haben, sondern die Leute unterwegs ansprechen und bespielen), die einen als Kellner oder Polizist ansprechen, überall sieht man fantasievolle Kostüme und Kulissen.

Mit Hülya und Moritz hatte ich mich auf den Auftritt vorbereitet, denn diese fünfzehn Minuten können darüber entscheiden, wie voll der Tourplan in den nächsten Jahren sein wird. Ja, Leute, es ist total langweilig, dort aufzutreten, und wenn man nicht gut ankommt, spricht sich das bloß in der gesamten deutschsprachigen Kleinkunstszene rum und man kann nie wieder irgendwo auftreten. Also, völlig entspannt. Es sind ja praktisch nur Veranstalter im Publikum! Waaah!

Abgesehen davon, dass man diese Veranstalter überzeugen und in einer Viertelstunde so dermaßen von ihren Sitzen reißen muss (ohne körperliche Gewalt), dass sie einen unbedingt in ihr Theater holen wollen, sind Veranstalter ein denkbar undankbares Publikum. Sie haben schon alles gesehen, sie sind nicht dort, um sich zu amüsieren, sondern es ist Arbeit. Sie haben eine Liste, von wem sie alles einen Auftritt ansehen wollen, und dann arbeiten sie ihre Liste ab. Es ist, als wenn man eine große Schachtel Pralinen vor sich hat, und alle sind so verlockend, dass man sie probieren möchte, und nach der vierten spätestens ist einem schlecht. Und wenn man selbst die fünfte Praline ist, sitzen da müde Leute, die schon alles gesehen und gehört haben, und dann wollen sie dich aber auch noch angucken und sie sind überhaupt nicht motiviert, zu klatschen und Spaß zu haben, denn sie freuen sich eigentlich nur auf zu Hause und ihre Ruhe.

Und dann kommt noch dazu, dass man manchmal eine ganz blöde Auftrittszeit hat, entweder so früh, dass noch niemand wach ist (es wird auch viel gefeiert auf so einer Kleinkunstmesse), oder so spät, dass alle schon weg sind.

In Freiburg, hat mir mal ein Kollege erzählt, hatte er am letzten Tag kurz vor dem Ende der Kulturbörse seinen Auftritt. Es waren also sowieso die meisten Veranstalter schon weg, der Saal war ziemlich leer und dann hat die Moderatorin ihn auch noch so angekündigt: »Ja, das war die Kulturbörse 20XY, ich hoffe, es hat Ihnen Spaß gemacht und Sie haben viele tolle neue Künstler entdeckt! Wir freuen uns, Sie nächstes Jahr hier wiederzusehen. Kommen Sie gut nach Hause! Ach ja, und jetzt noch viel Spaß mit Stefan Schnöpel, er ist sehr lustig!« (Den Namen habe ich mir nur ausgedacht.) Das muss man sich mal vorstellen! Der arme Kollege Schnöpel! Wie schrecklich! Da ist dann von den wenigen, die noch da waren, auch noch die Hälfte gegangen. Denn es ist sowieso nicht wie in einem richtigen Theater, die Leute gehen auch noch rein und raus, während man auf der Bühne steht.

Es sind also nicht gerade optimale Auftrittsbedingungen, wenn man das so sagen kann. Dennoch gibt es eben eine große Chance, mit einem richtig tollen Auftritt seinen Tourplan in einer Viertelstunde sehr gut vollzumachen. Und deshalb habe ich mich mit Hülya und Moritz auf diesen Kurzauftritt sehr gut vorbereitet. Jeder Satz musste sitzen, denn es sollten richtig knackige fünfzehn Minuten werden, ich sollte alles zeigen, was ich konnte, und ein fulminantes (sagt man so?) Feuerwerk an Pointen abfackeln, Übergänge mussten sitzen, Blicke überzeugen und dabei sollte alles noch leicht und sympathisch rüberkommen und die Zeit musste eingehalten werden. Wir hatten also, obschon ich das ja überhaupt nicht gerne mache, akribisch geübt für diesen Auftritt. Moritz und Hülya begleiteten mich hinter die Bühne und wünschten mir Glück. Hülya ging schon vor in den Saal und ich hielt Moritz noch zurück: »Ich habe an ein, zwei Stellen noch etwas geändert, aber das siehst du ja dann«, ließ ich meinen entsetzt guckenden Schwager wissen.

»Okay, also, äh, toi, toi, toi!«, sagte er, spuckte mir über die Schulter, biss sich auf die Zunge, zog sich am Ohrläppchen und machte dabei ein Kussgeräusch. Ja, er ist wirklich schon ein halber Türke, denn so macht man bei uns in der Türkei, wenn man Glück wünscht. Wie er mir nach meinem Auftritt erzählte, hat er seiner Frau nicht erzählt, dass ich etwas geändert hatte, denn er hatte Angst um ihre Gesundheit.

Die Moderatorin sagte mich kurz an, ich trat auf die Bühne und sah trotz des hellen Scheinwerferlichts, dass der Saal gut gefüllt war. Ich fing an, aus meinem Tagebuch vorzutragen, und, oh Wunder, die Leute lachten und klatschten und freuten sich. Ich war wohl noch nicht die fünfte Praline, oder eine besonders leckere …

Ich war froh – mein Auftragsbuch war nach dem Auftritt sehr gut gefüllt! Und Hülya hatte die geänderten Stellen natürlich erkannt – und sie fand sie gut. Wir sind wirklich ein richtig gutes Team und ich bin den beiden sehr dankbar, dass sie mich so unterstützen.

In Freiburg habe ich auch meinen ersten Auftritt in einem Theater in Berlin ausgemacht. Ich war sehr neugierig auf die deutsche Hauptstadt.

Sonntag, 14. Mai 2006, 13 Uhr:
Ich fahre mit dem Zug nach Berlin. Das nächste Mal komme ich mit dem Flugzeug. Die bauen nämlich hier den modernsten Flughafen der Welt. Wirklich toll, diese deutsche Ingenieurskunst!

15 Uhr: Ich bestelle mir in einer Bar Berliner Weiße.
Kellner fragt: »Rot oder grün?«
Ich sage: »Nein, weiß.«
»Ja. Aber rot oder grün?«
»Entschuldigung, ich will nicht rot, ich will nicht grün, ich will weiß.«
»Aber die Weiße ist rot oder grün.«
Ich dachte: Okay, in Berlin sind Kellner unfreundlich und farbenblind ... Und dann kommt statt Bier Limonade.
In der Türkei machen wir so was Ähnliches mit den Touristen. Nicht mit Bier, aber mit Marken-T-Shirts: Komisch, hat drei Streifen, steht aber Puma drauf und riecht nach Nagellackentferner ... Aber egal, wenn ich sage: »Weißes T-Shirt«, kriege ich wenigstens nicht rot oder grün.

17 Uhr 10: Berlin ist komisch. Ich sehe eine große Gedenktafel: »Hier stand die Mauer.«

Ich denke: Okay, da stand eine Mauer ... Ja ... und???

Dienstag, 16. Mai 2006, 12 Uhr:
Mein Deutsch ist über Nacht sehr viel besser geworden. Ich verstehe alles und kann mich mühelos verständigen.

12 Uhr 05: Ich merke, ich bin in Kreuzberg und rede Türkisch.

12 Uhr 10: Ein Deutscher spricht mich an und fragt mich, warum ich als Deutscher so perfekt Türkisch kann.
Ich sage: Ich bin kein Deutscher, ich bin Türke. Der Deutsche glaubt mir nicht.

12 Uhr 20: Er glaubt mir immer noch nicht. Er meint, mein Akzent ist auch nicht Türkisch – außerdem hätte ich keinen Schnurrbart, kein Goldkettchen und würde nie »Ey, voll krass, Alder« sagen.
Ich sage: »Was soll ich noch tun? Ich bin beschnitten, soll ich zeigen?«

Aber die Deutschen wollen über Beschneidung nichts hören. Da wird einem was weggenommen. Das ist für euch wie die Steuererklärung. Nein, Beschneidung ist für Deutsche kein gutes Thema. Außer bei Hecken.

Der Mann hat kein Problem mit Türken. Aber es gibt ein Volk, das er überhaupt nicht mag, weil es zu viele davon in Berlin gibt und die sich nicht integrieren wollen: Schwaben.
Schwaben sind in Berlin eine Problemkultur.

20 Uhr: Ich will etwas in Berlin erleben und gehe zur Touristeninformation. Da hängt im Schaufenster ein Plakat. Es ist der Mann mit dem Hut aus meinem Hamburger Hotel. Ich freue mich sehr, dass ich ihm so schnell helfen konnte.

Serhat auf dem Schiff

Es gibt eine verlockende Möglichkeit, auch als selbstständiger Künstler eine Art bezahlten Urlaub zu nehmen: Wenn man auf einem Kreuzfahrtschiff auftritt. Das wollte ich auch mal ausprobieren. Das Angebot war: Ich durfte eine zweiwöchige Fahrt mitmachen, bekam die Reise umsonst und hätte sogar noch jemanden in meiner Kabine mitnehmen können. Leider musste meine Frau arbeiten, also fuhr ich alleine eine Tour im westlichen Mittelmeer. Ich sollte in den zwei Wochen zwei große und ein paar kleinere Auftritte haben und sogar noch eine Gage dafür bekommen. Das klang nach einem tollen Angebot, das ich gerne nutzen wollte, auch wenn mir davor nicht unbedingt eingefallen wäre, eine Kreuzfahrt zu machen. Es schien doch eher etwas für alte Leute zu sein, für die Reisen beschwerlich war und denen damit eine gute Gelegenheit geboten wurde, ohne große Umstände etwas von der Welt zu sehen. Hoffentlich würde denen mein Programm überhaupt gefallen. Ich würde es ausprobieren. Als ich nach Palma geflogen war und aufstieg (so sagt man in der Schifffahrt), merkte ich: Da waren nicht nur alte Leute, es waren auch Familien unterwegs und jüngere Leute, also eine bunte Mischung, wie sie auch in meinem Abendprogramm an Land anzutreffen ist.

Ich hatte dennoch ein bisschen Bedenken: Vielleicht waren da ja Leute im Publikum, die normalerweise gar nicht ins Theater gingen und das nur mitnahmen, weil es inklusive, also schon bezahlt war? Und ob die mit dem, was ich machte, etwas anfangen konnten? Ich musste es ausprobieren. Das Problem war: Wenn es ihnen nicht gefiel, würde ich nicht fliehen können. Nach einem normalen Theaterabend gingen ja alle einfach wieder nach Hause, auf einem Schiff konnte ich dem Publikum nicht ausweichen. Ich würde mich mal über die Rettungsboote informieren.

Wenn man auf einem Schiff auftritt, gibt es noch andere Umstände, die Einfluss auf einen guten Abend haben können. Zum Beispiel, wann der Auftritt stattfindet. Da es meist am selben Abend noch andere Events gibt, wie zum Beispiel eine Tanzperformance oder eine Varietéshow vom Kreuzfahrtensemble, muss der Entertainmentmanager alles gut planen, damit das Publikum so viel wie möglich an Abendunterhaltung mitbekommt.

Und damit die Shows gut besucht sind, ist es wichtig, dass sie nicht ausgerechnet dann stattfinden, wenn die Passagiere hungrig vom Landausflug zurückkommen oder sogar noch an Land unterwegs sind. Wenn alle in Marseille von Bord gehen, um sich Marseille anzugucken, und erst um acht wieder an Bord sein müssen, aber der Auftritt findet um sechs statt, ist das unvorteilhaft für den Auftretenden.

Überhaupt ist ein langer Tag an Land nicht so passend für eine Show, weil die Passagiere dann vielleicht nur noch essen und schlafen wollen. Also, ich hatte Glück: Meine erste große Show sollte an einem Seetag stattfinden und zwar schön nach dem Essen, zur »normalen« Showtime um 20 Uhr.

Um fünf war ich schon zu einem schnellen Soundcheck gewesen, was auf einem Schiff natürlich toll ist, weil man keine weiten Wege hat.

Um halb acht war ich dann wieder hinter der Bühne und beobachtete auf dem Monitor, wie sich das Theater füllte. Ja, es wurde tatsächlich richtig voll, was mich freute. Es macht doch mehr Spaß, vor vielen Menschen zu spielen, als vor halbleeren Rängen. Der Entertainmentmanager Sandro wünschte mir »toi, toi, toi« und verschwand auf der Bühne. Er erzählte, dass ich aus Köln kam und wie mein Programm hieß, mit dem ich unterwegs war, und versprach dann dem aufmerksamen Publikum: »Er wird jetzt eine erstklassige Comedydarbietung, äh …«, er suchte augenscheinlich nach einem Wort – komisch, dass Deutsche auch nicht immer wissen, wie etwas auf Deutsch heißt –, »… darbieten. Begrüßen Sie mit einem großen Begrüßungsapplaus Serhat Dogan!«

Und ich habe dargeboten und es hat viel Spaß gemacht. Mir und den Leuten. Einen typischen Kreuzfahrtschiffgag hatte ich schon von zehn verschiedenen Kollegen gehört und wollte ihn in dieser Show auch bringen. So erzählte ich also, dass mich eine Zuschauerin in der Pause gefragt hätte: »Übernachten Sie auch auf dem Schiff?« Ich hätte geantwortet: »Nein, die ziehen mich in einem Beiboot hinterher!«

Toll, nach so vielen Jahren hatte ich endlich auch einmal einem Kollegen einen Gag geklaut und ich wusste nicht einmal, welchem. Er kam jedenfalls sehr gut an, genau wie meine gesamte Show. Ich war glücklich.

Aber es gab auch ein Problem. Denn als ich fertig war, konnte ich nicht nach Hause. Normalerweise versuche ich immer, nach dem Auftritt wieder nach Hause zu kommen, deshalb bin ich auch immer mit dem Auto unterwegs. Im eigenen Bett schläft es sich doch am besten und zudem bin ich so viel unterwegs, dass ich die Zeit zu Hause mit meiner Frau sehr schätze. Und es ist einfach meine Arbeit, nach der letzten Zugabe habe ich genug gearbeitet und habe Feierabend. Und auch wenn der so heißt, bin ich niemand, der dann noch Party machen muss.

Wahrscheinlich habe ich es schon erwähnt, ich bin schüchtern. Auf einem Schiff mit zweieinhalbtausend Passagieren, von denen gefühlt zweitausend in meiner Show waren, ist das eine schlechte Eigenschaft. Ich wollte also nach meiner Show direkt in meine Kabine und begab mich zum Aufzug, wo schon ein mittelaltes Paar stand. Als ich ankam, wurde die Frau richtig nervös, knuffte ihren Mann immerzu in die Seite und nickte mit dem Kopf in meine Richtung. Ihm war es sichtlich peinlich und er bemühte sich, sie zu beruhigen. Wie es meine Art ist, versuchte ich freundlich, aber nicht zu einladend zu lächeln und überlegte, ob ich die Treppe nehmen sollte. Die Frau knuffte ihren Mann stärker und zischte ihm unüberhörbar zu: »Da! Das ist der! Von eben! Aus dem Theater!«

Ganz augenscheinlich hatte sie mich ja wahrgenommen, sie wusste, dass ich da war, bemühte sich aber trotzdem nicht, etwas weniger auffällig zu sein oder mich wenigstens direkt anzusprechen. Die Menschen sind komisch, dachte ich und mir wurde es immer unangenehmer. Jetzt kam ein Mann, nickte mir freundlich zu und sagte: »Tolle Show, vielen Dank! So habe ich lange nicht mehr gelacht!«

Ich bedankte mich und machte mich auf den Weg zur Treppe, wobei ich fast mit dem ersten Herrn zusammenstieß, dessen Frau ihn so sehr angerempelt hatte, dass er sich an einem Geländer festhalten musste. »Sprich ihn an! Sprich ihn an! Er geht!«, schrie sie in einer Lautstärke, dass es auf dem gesamten Mittelmeer zu hören sein musste. Und tatsächlich hörte ich ein anderes Kreuzfahrtschiff zur Antwort tuten.

Ich lächelte noch mal verdruckst und sah zu, dass ich wegkam. Die nächsten Tage würde ich auf meiner Innenkabine verbringen oder Sandro nach Bart und Brille fragen. Es war für mich wirklich sehr, sehr unangenehm, ich war total unsicher, wenn ich von der Bühne kam. Ich wollte dann nur für mich sein und mich nicht noch mit dem Publikum auseinandersetzen. Es gibt Kollegen, die das genießen, sich hinterher noch erzählen zu lassen, was die Leute alles besonders toll fanden, und Fotos mit ihnen zu machen und das alles – für mich ist das nichts, ich mag nicht so viel Aufmerksamkeit. Ich möchte auch nicht überheblich rüberkommen, klar mache ich auch mal ein Foto mit einem Fan oder ich gebe Autogramme, aber es wird mir schnell zu viel.

Meine nächste Show sollte ein paar Tage später stattfinden, wieder an einem Seetag, allerdings zu einer nicht ganz so komfortablen Zeit, nämlich um 18 Uhr, wenn alle schon ausgehungert in einem der Restaurants saßen, weil die Kaffee-und-Kuchen-Zeit schon zwei Stunden her war. Es stellte sich heraus, dass die Zeit mein geringstes Problem sein sollte. Denn als ich durch die Gänge zum Soundcheck eilte, bemerkte ich an den Handläufen überall leere Papiertüten für den Notfall. Und es war schwieriger als sonst, geradeaus zu gehen. Oh weh, das würde ein abenteuerlicher Auftritt werden. Aber trotz enormen Seegangs blieben doch viele Leute im Theater und ich versuchte, das Schwanken in die Show einzubauen. Ich achtete immer auf die Crewmitglieder, erst wenn die sich hinsetzen und anschnallen würden, wäre es so schlimm, dass ich abbrechen müsste. Zum Glück neige ich nicht zu Seekrankheit und so brachte ich meine Show zwar wackelig, aber doch erfolgreich über die Bühne und verschwand danach schnell an Deck, um mit dem Blick den Horizont zu fixieren und dem Magengrummeln dadurch Einhalt zu gebieten.

Mein Fazit: Ich habe die Kreuzfahrt ganz gerne gemacht und dann für mich herausgefunden, dass ich beim Auftreten lieber festen Boden unter den Füßen habe – ein Boden, auf dem ich dann auch nach Hause fahren kann. In Deutschland.

Ich werde immer wieder gefragt: »Serhat, warum kannst du eigentlich so gut Deutsch?«
… Nein, das war kein Gag.
Also: Meine ersten deutschen Sätze hab ich an meinem 16. Geburtstag gelernt.

Da hat mein Vater mir ein Video geschenkt. Er hatte knallroten Kopf. Er hat gesagt: »Eeeeeeh – mein Sohn, du bist jetzt alt genug. Guck dir das an!«

Da hab ich meinen ersten deutschen Film gesehen. Der Film fängt so an:
Helga ist eine hübsche junge Blondine. Sie hat eine Villa mit Schwimmbad. Sie liegt am Pool.
Plötzlich sieht sie, dass eine Birne kaputt ist.
Sie ruft an und nach zwei Minuten klingelt es.
Helga macht die Tür auf und sieht Hans.
Hans ist Elektriker. Als Hans die Birne wechselt, guckt Helga Hans sehr erotisch an.
Dann muss Hans noch sehr viel reparieren: am Pool, in der Küche, auf dem Arbeitstisch und im Keller.
Ich dachte mir: Wow, in Deutschland Handwerker zu sein, ist sehr schwer! Guck, wie er schwitzt!
Er schwitzt so schlimm, er muss alle Sachen ausziehen, damit sie nicht nass werden.
Am Ende des Films: Hans sammelt sein Werkzeug ein und geht weg. Helga guckt sehr zufrieden. War für mich interessant. – In der Türkei niemand ist mit Handwerkern zufrieden.

Ja. Das war mein erster Kontakt mit deutscher Sprache.
Ich habe gelernt: Deutsch ist sehr emotional. Du sagst nicht »Ja«, du sagst: »Jaaaaaaaaaaaa!«

Und die Deutschen sind sehr religiös. Sie sagen ständig: »Oh Gott, oh Gott, oh mein Goootttt!«
Mein erster deutscher Satz war: »Hallo, Hans, ich hoffe, du hast deinen Schraubenzieher dabei.«
Ja, dieser Film war sprachlich sehr kompliziert.
Mein zweiter deutscher Satz war schon Futur I: »Ich wette, hier werde ich eine feuchte Stelle finden.«
Mein dritter Satz war sogar noch komplizierter – mit »wenn« und »dann«: »Hans, wenn du die Öffnung nicht findest, dann helf ich dir beim Reinschrauben.«
Ich habe auch sehr früh den Komparativ gelernt: »Tiefer … Fester … Härter …«
Aber auch viele andere praktische Sätze: »Mach mich nass«, »Ich komme«, »Und jetzt von hinten«.
Warum habe ich das alles so gut behalten? Ganz einfach: Ich habe diesen Film sehr, sehr oft geguckt.

Sogar zehn Jahre später habe ich mich noch gut erinnert. Da habe ich beim deutschen Konsulat in Izmir mein Visum beantragt.
Ich sitze im Wartezimmer. Da höre ich eine Stimme: »Herr Dogan, bitte.«
Ich sage: »Jaaa, ich komme!«
Im Büro sehe ich Frau Meier. Sie fragt mich: »Herr Dogan, Sie möchten gerne ein Visum haben?«

Ich sage: »Oh mein Gott, ja, bitte gib's mir, oh ja, besorg's mir, jaaa, jaaaaaa!«
Frau Meier guckt sehr überrascht. Ja, ist nicht normal, dass ein Türke so gut Deutsch spricht.
Frau Meier sagt: »Gut, dann unterschreiben Sie erst mal dieses Formular auf der Rückseite.«
Ich sage: »Oh ja, ich mach's von hinten, das ist gut, das ist gut!«
Frau Meier guckt wieder so komisch. »Herr Dogan, wollen Sie sich in Deutschland für eine Stelle bewerben?«
»Natürlich. Ich wette, ich werde eine feuchte Stelle finden.«
Frau Meier guckt jetzt böse. Wahrscheinlich ist sie ausländerfeindlich. Dann sagt sie: »Sie sind wohl ein Komiker!«
Ich habe nicht verstanden, aber ich habe »Ja« gesagt.
Also hat Frau Meier in mein Visum geschrieben: »Beruf: Komiker«.
Dann in Deutschland wollte ich natürlich in der Dönerbude arbeiten. Aber die haben gesagt: »Tut uns leid, Serhat, in deinem Visum steht Komiker. Dieses Visum gilt nur für Comedy.«

Tja, deshalb bin ich jetzt hier.

Danke & Teşekkürler!

Auf Deutsch:

Danke an alle!

Auf Türkisch:

Allah, Allah, ich bin der glücklichste Mensch auf der ganzen Welt, dass ich mit so großartigen Menschen zusammenarbeiten durfte!

Käthe, mein Dank ist grenzenlos wie der Sand in der Wüste und die Sterne am Himmel, mögen Deine Finger nie müde werden zu tippen, Deine Ohren nie wund vom Zuhören und Dein Hirn nie welk vom Denken!

Moritz, Bruder, danke für Deine Texte, die die Menschen zum Lachen bringen wie ein sonniger Frühlingstag und ein Minister ohne Hose! Dir verdanke ich alles, was mich zu dem macht, was ich gerne wäre. Adamın Dibisin!

Hülya, Du bist wie Regen in der Wüste für mich, die Schwester, die mich unterstützt, unter deren Schirm ich sitzen darf bei Sonnenschein oder Regen. Hülya und Moritz, meine Hoffnungen waren ins Wasser gefallen, aber Ihr habt ihnen beigebracht zu schwimmen. Danke. Ablacım!

Bahar, Du bist das Schönste, was mir je passiert ist, ohne Dich bin ich wie ein Stern, dessen Licht erloschen ist; wenn sie mir meinen Stift wegnehmen, schreibe ich mit meinem Blut, dass ich Dich liebe. Danke für deine unermessliche Unterstützung! Börülcem!

Volker Surmann, mein Traum ist wahr geworden: Ich halte mein Buch in meinen Händen und danke Dir für Dein Vertrauen und Deine Arbeit!

Danke, Gesa Weiß, dass Du an unser Projekt geglaubt hast und uns mit Volker zusammengeführt hast.

Ganz herzlicher Dank für die Mitarbeit an den Bühnentexten auch an Peter Gitzinger, Roger Schmelzer und Wilhelm Künsting.

Danke an die ganze Dogan-Familie, ich habe Euch alle lieb!

Serhat Dogan
Köln, Februar 2023

Mehr Informationen und Auftrittstermine:
serhatdogan.de
Facebook & Instagram: Serhatdogancomedy